# Maurice LANDRIEUX

*Vicaire général de Reims*

# Une Petite-Sœur

## Ouvrage couronné par l'Académie Française

5ᵉ ÉDITION — 11ᵉ MILLE

« On soignera les pauvres, rien
que les pauvres, pour rien toujours
pour rien ! »

P. PERNET.

# PARIS

## 5, RUE BAYARD, 5

# HAGIOGRAPHIE ET BIOGRAPHIE

**Sainte Clotilde**, par l'abbé L. Poulin. — In-12, 412 pages. Broché, **2 fr. 50**; port, **0 fr. 25**. Relié, **4 francs**; port, **0 fr. 40**.

**Saint Vincent Ferrier**, par le R. P. Fages, des Frères Prêcheurs. 2 vol. in-8° de 508 et 554 pages. Brochés, **5 francs**; port, **0 fr. 60**.

**Histoire populaire de saint Julien**, *premier évêque du Mans*, par Dom Piolin. In-16, 225 pages. Broché, **0 fr. 50**; port, **0 fr. 10**. Relié, **0 fr. 75**; port, **0 fr. 15**.

**Saint Vincent de Paul**, *Nouvelle vie populaire*, par Mgr Henri Debout. In-16, 155 pages. Broché, **0 fr. 50**; port, **0 fr. 10**. Relié, **0 fr. 75**; port, **0 fr. 15**.

**Saint-Jean-Baptiste de la Salle**, par le R. P. Bainvel, S. J. In-16, 200 pages. Broché, **0 fr. 50**; port, **0 fr. 10**. Relié, **0 fr. 75**; port, **0 fr. 15**.

**Jeanne d'Arc**, *nouvelle vie populaire illustrée*, par Mgr Debout. In-16 de 364 pages, 34 illustrations. Broché, **0 fr. 50**; cartonné, **0 fr. 75**; port, **0 fr. 15**. Relié, **1 franc**: avec tranches dorées, **1 fr. 25**; port, **0 fr. 20**.

**Les deux frères : Philibert Vrau et Camille Feron-Vrau.** *Cinquante années de l'Action catholique dans le Nord : 1829-1908*, par Mgr Baunard. In-8°, xxi-604 pages avec gravures, **3 fr. 50**; port, **0 fr. 40**.

**Un disciple de saint Vincent de Paul** *au* xixe siècle: Adolphe Baudon (1819-1898), par l'abbé Schall. *Ouvrage couronné par l'Académie française.* In-8°, 740 pages, avec portrait. Broché, **4 fr. 50**; port, **0 fr. 55**.

**Une Petite-Sœur**, par M. Landrieux, vicaire général de Reims. *Ouvrage couronné par l'Académie française.* Un vol. in-16 de 270 pages, **1 fr. 50**; port, **0 fr. 20**.

**Ernest Hello**, *sa vie, sa pensée, son style*, par Joseph Serre. In-12, 420 pages; franco, **3 fr. 50**.

**Un Gentilhomme apothicaire :** *M. de la Garaye*, par Ernest Jac. Préface de René Bazin, de l'*Académie française*. In-16, 196 pages avec gravures. Broché, **1 franc**; port, **0 fr. 10**.

*Les ports poste sont doublés pour l'étranger.*

PARIS, 5, RUE BAYARD

# Une Petite-Sœur

# OUVRAGES DU MÊME AUTEUR

**Au pays du Christ.** *Etudes bibliques en Egypte et en Palestine* (4ᵉ édition, 10ᵉ mille). — 1 vol. in-4º de 585 pages, sur papier de luxe, 3oo illustrations. Paris, Bonne Presse.............. **7 fr. 50**

*Ouvrage couronné par l'Académie française.*

**Autour de la foi.** — 1 vol. in-16. Paris, Lethielleux. **1 fr. 25**

**L'Histoire et les histoires dans la Bible.** — 1 vol. in-16. Paris, Lethielleux.................. **0 fr. 60**

**L'Eglise et les Eglises dans l'Histoire.** — 1 vol. in-16. Paris, Lethielleux.................. **0 fr. 60**

**L'Inquisition.** *Les temps, les causes et les faits.* 1 vol. in-16. Paris, Lethielleux.............. **0 fr. 60**

**De la Trinité à l'Eucharistie.** — 1 vol. in-16. **Paris, Lethielleux**.................... **0 fr. 60**

**L'Islam.** *Les trompe-l'œil de l'Islam; la France puissance musulmane.* — 1 vol. in-12. Paris, Lethielleux.................... **1 fr. 50**

**Une Petite-Sœur.** — 1 vol. in-12 (5ᵉ édition, 11ᵉ mille). Paris, Bonne Presse............ **1 fr. 50**

*Ouvrage couronné par l'Académie française*

— Edition allemande. **Eine Kleine Schwester,** traduction de Ch. Doërr. — *Caritas Verlag,* de Fribourg-en-Brisgau. — 1 vol. in-12 relié.. **4 mk. 50**

— Edition anglaise. **A Little Sister,** traduction de L. York Smith. Chez Kegan Paul. London, Broadway House, Corter Lane E. C. — 1 vol. in-12 relié........................ **5 schellings.**

— Edition espagnole. Sous presse chez Subirana, à Barcelone.

— Edition italienne, sous presse à l'Istituto di S. Luca, à Bologne.

# Maurice LANDRIEUX

*Vicaire général de Reims*


# Une Petite-Sœur

## Ouvrage couronné par l'Académie Française

5ᵉ ÉDITION — 11ᵉ MILLE

> « On soignera les pauvres, rien
> que les pauvres, pour rien toujours
> pour rien ! »
>
> P. PERNET.

PARIS

5, RUE BAYARD, 5

## DÉCLARATION

SEGRETERIA DI STATO
DI SUA SANTITA

Dal Vaticano, 3 janvier 1911

MONSIEUR LE VICAIRE GÉNÉRAL,

Le Saint-Père vous remercie très vivement pour l'hommage que vous lui avez fait de votre *Petite-Sœur*.

Vous ne pouviez douter qu'une fleur si suave et si pure ne plût au cœur de notre bien-aimé Pontife; présentée par vous, elle ne pouvait que charmer davantage ce Père qui vous rend bien en affection ce que vous éprouvez à son égard.

Je vous remercie, pour ma part, de l'exemplaire que vous m'avez offert et des sentiments si délicats que vous m'avez exprimés dans votre bonne lettre.

S'il est doux d'être aimé, il n'est guère moins précieux d'être compris et de rencontrer un cœur qui ressente vos émotions et les partage.

Veuillez agréer, Monsieur le Vicaire général, l'assurance de mes sentiments très dévoués en Notre-Seigneur.

R. card. MERRY DEL VAL.

# PRÉFACE

*Les morts n'ont pas besoin qu'on les loue, et, dans ces pages toutes pleines de son souvenir, on a moins songé à faire l'éloge de Sœur Lucie (1) qu'à mettre en relief, sous ses traits, pour le profit des autres, le type idéal d'une Petite-Sœur de l'Assomption.*

*Il y a, en effet, dans ces vies plus parfaites, miniatures de sainteté, un enseignement qui nous est utile. Et plus ces existences ont été mêlées à la nôtre, plus aussi la leçon est douce, pénétrante, profitable.*

*La mort de Sœur Lucie a laissé à tous une impression ineffable de sérénité, comme si la main de Dieu avait paru visiblement dans ce deuil si soudain et si imprévu.*

*Et c'est cela qui n'est pas ordinaire; c'est cela qui révéla, tout à coup, à quel point l'âme de cette enfant, la plus simple, la plus*

(1) M^lle Lucie D.-M., en religion, Sœur Marie-Lucie, des Petites-Sœurs de l'Assomption gardes-malades des pauvres à domicile.

*droite, la plus humble de toutes, avait rayonne autour d'elle.*

*On l'a pleurée dans son couvent, où elle n'a fait que passer, comme on ne pleure pas une novice; et, sitôt qu'elle a disparu, on s'est aperçu qu'elle tenait déjà, dans sa Congrégation, une place que ne comportait pas sa situation.*

*Car, enfin, c'est si minime une novice dans un couvent! Petite chose timide et discrète, qui n'a pas de nom, qui ne fait pas de bruit, qui ne tient pas de place, qui s'efface elle-même et qu'on humilie encore; qui n'ose rien et que tout déconcerte; qui dit oui, qui dit non, mais qui n'a pas de vouloir!*

*Et, plus elle est parfaite, la petite novice, plus elle cherche l'ombre et le silence; plus elle ignore aussi, quand elle les possède, les dons que les circonstances, plus tard, mettront en valeur!*

*C'est bien ainsi qu'était Sœur Lucie, simple, modeste, perdue dans le rang, prête aux moindres rôles.*

*Et voilà qu'au lieu de disparaître, comme d'ordinaire une petite novice disparaît, sa mort plonge dans un deuil profond toute sa communauté : c'est un malheur, une épreuve*

dont on ne se console pas, et l'oubli, ce second
linceul des morts, ne parvient pas à ensevelir
sa mémoire.

Ses supérieures fondaient sur elle les plus
belles espérances.

« Nous avions tant compté sur cette enfant!
écrit la maîtresse des novices. Vingt fois j'ai
offert ma vie pour sauver la sienne, tant
j'avais conscience du trésor que Dieu nous
avait donné! »

L'édification s'accrut encore lorsque les
novices eurent mis en commun leurs souvenirs
personnels, apportant l'une après l'autre une
note nouvelle à l'éloge de Sœur Lucie. Et il
devint évident que, de ce faisceau de témoignages, une lumière très vive et très douce se
dégageait. Car, ce n'est pas dans les actions
d'éclat, toujours rares, que se révèle le mieux
la vertu; c'est tous les jours et dans les menus
faits, un regard, un mot, un geste. Chacun
de ces petits riens, dont se compose une vie,
ne pèse pas lourd et reste peu de chose,
mais c'est l'ensemble qui prend de l'ampleur,
qui fait figure et qui devient admirable.

Alors, on a pensé qu'au feu qui dévorait
cette âme d'autres âmes pourraient s'em-
braser.

*Ce petit livre aurait l'ambition de propager cet incendie.*

*Qu'on n'y cherche point l'ordonnance méthodique ni la documentation rigoureuse d'une biographie, mais seulement l'histoire très sobre d'une vocation, dans sa genèse lointaine, dans ses éléments complexes, avec ce travail intime de la grâce, toujours délicat, souvent poignant, qui prend une âme en pleine ardeur de jeunesse et la hausse, graduellement ou par bonds, jusqu'à ces sommets où les larmes du sacrifice se perdent dans le sourire de l'oblation.*

*On ne s'attardera guère, au cours de ce récit, à ces incursions minutieuses dans la vie de famille, qui font l'intérêt des Mémoires et qui seraient ici déplacées. On ne soulèvera ce voile qu'en passant, et, d'une main très discrète. On poussera cette réserve jusqu'au parti pris. Mais on s'attachera surtout à faire comprendre, à faire sentir ce qu'est une âme d'apôtre, ce qu'elle coûte et ce qu'elle vaut!*

*M. L.*

# UNE PETITE-SŒUR

## CHAPITRE PREMIER

### LES PRÉPARATIONS

A l'âge où d'autres commencent leur tâche, à vingt-quatre ans, Sœur Lucie achevait la sienne.

Avec **nos** courtes vues de myopes, sitôt qu'un être de bonté se révèle autour de nous, il nous paraît indispensable qu'il vive longtemps, pour faire **tout** le bien qu'on en espère. Et quand une fois la Providence a façonné, sous nos yeux, un instrument parfait d'apostolat, nous ne concevons pas qu'elle le brise avant qu'il ait servi.

Mais, à l'inverse des hommes, Dieu ne mesure pas le mérite à la durée du travail ni même à l'importance de l'ouvrage; et une âme que le zèle dévore, débordante de foi, d'amour et de désirs,

> Peut, dès la première heure, avoir fini sa gerbe,
> Quand à nous la journée, hélas, ne suffit pas! (1)

(1) P. Marie-Jules Chicard.

L'œuvre matérielle qui passe par les mains importe peu. Elle n'est qu'un signe. Il y en a d'autres.

En réalité, c'est le jour d'une vêture ou d'une profession que se fait la vie religieuse. Si ce don initial est absolu, s'il saisit l'être tout entier pour une oblation totale, sans réserve et sans reprises, c'est assez pour Dieu. Il pèse, il juge, il apprécie le sacrifice dans son germe ; et, regardant là, il voit tout ; tenant cela, il tient tout.

Car, si la vie est parfaite ensuite, elle ne le sera que pour avoir réalisé, au jour le jour, cette oblation première. Par contre, bien que cette persistance dans l'effort quotidien ait son prix, si le temps fait défaut parce que la Providence ne l'a pas donné, il n'y a point de détriment essentiel, puisque, aux yeux de Dieu, ce que nous sommes compte plus que ce que nous pouvons faire.

Il ne s'agit donc point d'une mesure plus ou moins grande d'œuvres extérieures accomplies ici-bas ; il s'agit d'un état intime, d'une valeur intrinsèque, et c'est en ce sens que l'on peut dire encore ce que l'on a dit si délicatement de Sœur Lucie,

Qu'une âme, avant l'été, pour le ciel déjà mûre,
Pour Dieu, peut être fruit, quand nous la croyons fleur ! (1)

(1) P. Marie-Jules Chicard.

Elle allait sur ses quatre ans, en 1877, que
déjà le ciel s'entr'ouvrait pour elle. Une grosse
fluxion de poitrine la mit à toute extrémité.
Son petit corps, couvert de vésicatoires, n'était
plus qu'une plaie vive. Le médecin se déclarait
impuissant. Elle était perdue. Elle agonisait. On
attendait le dernier souffle.

Dans un élan désespéré de foi et de douleur,
ses parents en larmes, d'un même cri du cœur,
la vouèrent à la Sainte Vierge, promettant
qu'elle porterait ses couleurs jusqu'à sa Première Communion.

A l'instant, sur-le-champ, l'enfant se reprit
à vivre; et la convalescence fut si rapide que,
dans la famille, on considéra toujours cette guérison comme miraculeuse.

Jusqu'à onze ans, Lucie ne porta que du bleu
et du blanc.

Nul autre trait saillant à retenir de sa petite
enfance.

Sa mère, sans doute, en avait noté plus d'un;
mais on n'a plus ce carnet où les jeunes mères
inscrivent, avec fierté, les prouesses de leurs
bébés.

« Je charge Mimi de faire mille caresses
à mon cher Gyp, à Mignonnette, à la tourterelle. »
— « Mille baisers à Gyp et à mes chats! »
Voilà des post-scriptum de ses toutes premières
lettres, en grosse écriture de petite fille.

A dix ans, en quittant la maison pour rejoindre sa sœur Jeanne au pensionnat de l'Assomption, à Reims, elle emporta des poils de Gyp et une plume de sa tourterelle. Et, douze ans plus tard, elle écrira encore : « Pauvre vieux Gyp, j'ai été triste en apprenant sa mort. »

La famille D... s'était installée en Charente, sur les bords de l'océan. La villa, *la Louisiane*, vaste, avec ses dépendances à l'ombre des grands pins, était alors l'unique habitation de cette petite plage. Un léger pli de terrain abritait la maison, du côté de la mer, et la préservait des bourrasques; mais, de la salle à manger et des chambres du haut, par une échappée à travers les bois, on découvrait l'embouchure très large de la Seudre, où défilaient sans cesse les escadrilles des bateaux de pêche et les embarcations d'un stationnaire qui procédait là, d'un bout de l'année à l'autre, au réglage des torpilles.

Sœur Lucie a grandi dans cette solitude un peu sévère qui avait son charme, entre la mer et les bois, à l'air, au soleil, en liberté.

Elle a joué avec la vague, comme d'autres avec leur poupée, avec la vague indolente et souple, tour à tour joyeuse, plaintive, morne ou désespérée.

Elle a connu l'idéale sérénité des matinées de

printemps et des longs soirs d'été, les superbes colères des jours de tempête.

Elle a lu, à pleines pages, dans ce beau livre de la Nature, avant de connaître son alphabet.

Son imagination, saisie dans la fraîcheur de ses premières impressions par la grandeur de ces spectacles, s'est éveillée, loin des banalités de la vie, au contact direct des œuvres du bon Dieu; et, sous l'influence de cette leçon muette et pénétrante des choses, à l'âge où les naïfs étonnements de la raison se mêlent, sans les troubler, aux candeurs de la piété, elle a pris conscience du monde et d'elle-même.

Pourquoi devant ce ciel, devant ces flots qu'elle aime,
   Mon âme sans chagrin gémit-elle en moi-même?

Le sol ne fait pas le tempérament. Il y met pourtant son empreinte.

Sœur Lucie avait gardé, dans ses yeux clairs, cette vision de la terre natale qui l'avait accoutumée à voir grand et à regarder haut.

L'océan l'attirait. Elle aimait à s'installer sur la plage avec ses livres et ses cahiers. Elle y revenait à tous ses moments libres, absorbée, des heures entières, elle si vive, dans ces rêveries sans fin qui s'achèvent si facilement en prière.

« Je suis là, toute seule, à vous écrire. Il est 6 heures. J'ai la mer devant moi. Elle est très haute, ce matin, et superbe. Les bateaux rentrent, par Maumusson, de la pêche de nuit. Ils se détachent sur le bleu profond de l'eau : c'est si joli ! » (1)

Son bonheur, c'était de suivre ses frères, Georges et Joseph, en d'aventureuses parties de canot. Ils l'emmenaient volontiers, car, intrépide comme eux, elle ne les gênait pas.

Plus d'une fois, elle s'y risqua toute seule, non pas à l'étourdie, sans voir le danger, mais au contraire, pour l'âpre joie de la lutte.

Un jour qu'elle y avait entraîné ainsi, en cachette, sa plus jeune sœur, Marie, un navire faillit couper en deux le petit canot, où Lucie était seule à ramer, et les couler à fond.

Au noviciat, ce cri du cœur lui échappa en récréation, à propos d'une réflexion sur la mer :

— Je l'aimais tant, mon océan !

— Vous le regrettez, Sœur Lucie?

— Oh ! oui. Mais je l'ai donné avec tout le reste..... (2)

C'était donc bien à propos qu'on avait fait une allusion à l'océan, dans le sermon de sa prise d'habit : « Le Seigneur Jésus, comme à ses préférés, Pierre, Jacques et Jean, vous a fait ses avances *juxta mare*, sur les bords de la mer; et, ce qui est écrit d'eux : « *Relictis*

_____

(1) Lettre à sa tante.
(2) Note d'une novice : S. M.-Fr.

» *retibus et patre, secuti sunt eum* (1), ils
» quittèrent, pour le suivre, leurs filets et leur
» père », on peut le redire de vous. »

Elle n'avait que huit ans lorsqu'elle perdit sa
mère.

A cet âge, les impressions se succèdent trop
rapidement pour être bien profondes. La nature
exubérante et mobile est prompte à réagir. Les
gros chagrins sont vite étouffés entre deux
grands bonheurs.

Sœur Lucie ne se consola jamais de ce
deuil.

« Je crois que la mort de ma chère maman
m'a laissé quelque chose au cœur. Je l'aimais
tant ! J'ai senti très vivement ce que je perdais ;
et, avec mes huit ans, la tristesse est entrée
dans ma vie. Que de fois, depuis cette époque,
toute seule, j'ai pleuré ! Que j'ai souffert de voir
les autres enfants embrassés par leurs mères !
Je me suis habituée à cette vie au dedans,
d'abord pour que mon père ne s'aperçoive pas
de mon chagrin, et aussi dans l'appréhension
de n'être jamais assez comprise. » (2)

Au noviciat, les larmes lui montaient encore
aux yeux, sitôt qu'on lui parlait de sa mère.

(1) *Matth*. iv, 18-22.
(2) Lettre du 10 mai 1892.

« Je la voyais souvent ouvrir sa montre et s'attarder longuement à y regarder quelque chose. Un jour, en récréation, comme elle revenait du parloir, je lui dis : « Vous êtes contente, » Sœur Lucie, vous avez vu votre mère ! — Non, » c'est ma tante. » Et, me tendant sa montre ouverte, avec le portrait de sa mère : « Ma mère, » dit-elle, elle est au ciel ! » et cela, avec une expression qui m'a frappée. » (1)

Pour sa prise d'habit, elle avait, dans un sentiment de piété filiale, choisi l'anniversaire de la mort de sa mère.

Certes, jamais elle n'a été sevrée d'affection.

Son père, très sensible, avait pour ses enfants une affection expansive et profonde. L'union était parfaite en famille : frères et sœurs s'aimaient tendrement. Et, à Reims, Lucie retrouvait, auprès de sa grand'mère maternelle et auprès de ses tantes, des sollicitudes capables de faire oublier tous les deuils.

L'une surtout de ses tantes fut pour elle une seconde mère et plus encore.

Comme ses sœurs, Lucie, enfant, subit le charme de cette influence large et franche qu'elle sentait si sûre et si douce en même temps ; jeune fille, elle s'y abandonna de toute son âme.

Mais, précisément parce qu'elle portait au

---

(1) Note d'une novice.

cœur une blessure plus vive et qu'elle en eut
plus besoin, elle se réfugia davantage dans cette
intimité si chaude, et s'y enfonça plus avant.

On eût dit, entre elle et sa tante, entre ces
deux natures viriles et ardentes, si bien faites
l'une pour l'autre et qui vibraient à l'unisson,
un courant magnétique.

La Providence lui rendait, d'une main, ce
qu'elle lui avait pris de l'autre, et Sœur Lucie
connut deux fois ce qu'il y a de meilleur dans
le cœur d'une mère.

Cela ne s'était point fait tout d'un coup.

« Vous étiez-vous doutée, tante chérie, que
jusqu'à cette année j'étais horriblement jalouse
de votre affection pour Jeanne et de la confiance
qu'elle vous témoignait? Je ne vous connais-
sais pas assez. Je ne pouvais admettre que la
tendresse que vous donniez à Jeanne ne dimi-
nuait point ma part. Mais c'est fini, et je me
plais à vous appliquer cette pensée que j'ai
copiée dans le *Récit d'une sœur :* « Ce qui fai-
» sait que, malgré le grand nombre de ceux
» qui l'aimaient, chacun était toujours content
» sans envier les autres, c'est qu'à tous cette
» âme si tendre donnait beaucoup et qu'elle
» aurait pu toujours s'ouvrir à de nouvelles
» affections, sans nuire aux autres. » (1)

_______

(1) Lettre à sa tante, septembre 1894.

Ce petit accès de jalousie n'était que l'autre face d'une crise plus délicate, dont on retrouve l'écho dans une lettre de son directeur.

Elle s'était mise tout à coup, sans raison, sans motifs, à douter de l'affection des siens, avec l'idée qu'elle n'en était plus digne : tentation tenace et lassante, vague, nuageuse, qui la travailla pendant plusieurs mois.

« Non, enfant, vous ne devez pas tenir compte de ces impressions. Chassez-les comme vous chasseriez la pensée du mal. On vous aime, et plus même que vous ne l'imaginez quand vous voyez bien clair : votre père d'abord, et combien ! vos sœurs, comme vous les aimez vous-même, avec passion ! et ici, que de sympathies vous sont acquises ! Je ne les détaille pas, car, en les devinant, vous serez plus complète que je ne pourrais l'être moi-même.....

» Que je voudrais vous enlever ce poids et desserrer cet étau !.... Si cette peine intime venait d'un éveil de votre cœur, qui commence à regarder anxieusement vers l'avenir et qui cherche, sans bien savoir pourquoi, autre chose que les affections de famille, ne vous en troublez pas ; car ce sentiment nouveau serait légitime en soi, mais il faudrait le contenir et le discipliner.

» Ne prenez pas le change. Défiez-vous de la rêverie. Priez davantage et mêlez-vous, avec plus

d'entrain, plus de confiance que jamais, à la vie
de tout le monde.....

» Non, vous n'êtes pas jalouse. C'est l'horreur
que vous avez de la chose qui vous la montre
partout. »


Une autre crise morale, beaucoup plus grave,
qui n'est pas sans lien avec la précédente et
qui l'expliquerait peut-être, avait failli compro-
mettre, quelques années auparavant, toute son
éducation.

Au couvent de l'Assomption, à quinze ans, elle
s'était juré de ne subir aucune influence, de se
renfermer en elle-même et de porter seule le
secret de sa vie intime.

C'était chez elle une tendance. Elle eut toujours
« une sorte de répulsion à s'ouvrir », parce
qu'il lui semblait que « jamais elle ne saurait
expliquer aux autres ce qui se passait en elle ».
Mais alors, ce fut un parti pris :

« Lorsque, pour la première fois, j'ai entendu
parler de directeur et de direction, affirmer
qu'on ne devait pas se conduire toute seule dans
la vie, je me suis dit, avec un orgueil qui me
frappe maintenant : « Jamais je ne confierai
» rien de moi à qui que ce soit. Personne ne
» me conduira. Tant pis si je me perds! »

Et, longtemps, elle a tenu ce serment.

Cette volonté de cacher son âme à tout le

monde, par orgueil et par indépendance, se trahit dans toutes ses lettres à sa famille.

Elle n'y laisse transparaître rien de son être intime. Elle papillonne alentour. Elle affecte de bavarder pour n'avoir pas à causer. Elle réclame des nouvelles de chacun; elle en apporte. Elle raconte ce qu'elle a fait, ce qu'elle a vu, ce qu'on lui a dit. Elle donne le change. Elle se surveille. Sa plume est abondante. Ses pages sont pleines, chargées jusque dans les marges : on dirait qu'elle a peur d'être devinée, et que cette exubérance est un paravent qui la couvrira d'autant mieux qu'il sera plus large et plus épais.

Cette correspondance, alerte toujours, spirituelle quand même, restera banale, vide, creuse jusqu'au moment où, libérée de cette obsession, Sœur Lucie sentira poindre en elle le germe de la vocation. Alors, brusquement, son style libre écho de son âme, se haussera à une éléva, tion de pensées, à une éloquence du cœur remarquables.

Comment sortit-elle de cet impasse?

Ce fut l'excès même du mal qui la poussa dehors.

Elle se taisait, mais elle étouffait. Cette hantise d'indépendance l'avait mise en prison.

De voir ses compagnes, ses sœurs surtout, expansives et confiantes, cela l'irritait contre elle-même; et, au lieu de s'avouer vaincue, de céder, d'ouvrir, elle verrouillait sa porte en dedans avec plus d'obstination encore.

Il fut évident qu'elle souffrait. On s'en préoccupait autour d'elle.

L'aumônier, après vingt tentatives infructueuses, avait insisté, d'une façon plus pressante et par écrit, un jour qu'il la trouvait plus lasse :

» Vous êtes triste, enfant, l'ardeur que vous apportez au travail, l'entrain que vous mettez au jeu ne trompent pas tout le monde. Vous souffrez et vous vous taisez !

» Vos confessions concises, laconiques, rigoureusement correctes, peuvent rassurer votre conscience : elles ne suffisent pas à décharger votre cœur.

» Vous voulez rester seule. Vous voulez vous isoler avec votre mal, de peur que, peut-être, en essayant de vous l'enlever, on vous fasse souffrir. Mais, est-ce que le Bon-Pasteur ne relève pas doucement, avec précaution, les petits agneaux blessés, pour les ramener, mieux que cela, les rapporter, sur ses épaules, au bercail ?

» Vous êtes dans un chemin dangereux; je ne sais pas où il vous mènera, mais j'ai peur. Car le démon est habile avec vous. Il vous endort. Il vous fait perdre, une à une, vos habitudes de piété. Il excite sournoisement ce qu'il y a de moins bon au fond de votre nature. Il vous dissipe pour que vous ne vous aperceviez pas du travail qui se fait en **vous**. Il se garde bien de vous mettre en face de fautes graves qui vous donneraient l'éveil; et, sans qu'il y paraisse trop, il vous attire à l'écart, dans le désert, où il n'y a plus rien du bon Dieu. Et là, enfant, j'ai peur! Votre bon ange vous suit toujours et proteste avec votre conscience; et c'est cela qui vous trouble encore. Mais il y a une limite où il s'arrêtera.

» Et alors, vous serez seule.

» Pauvre enfant, que vous souffrirez avant de sortir de cette impasse par la voie rude de l'expérience et de la déception; et comme vous ferez souffrir d'autres cœurs si remplis pour vous d'affection!

» C'est peut-être là l'épreuve la plus sérieuse que vous ayez eue dans votre vie morale...

» Croyez-moi, ne soyez pas dupe de cette illusion. Notre-Seigneur vous attend parce qu'il vous aime, et je vous dis de sa part: « N'en- » durcis pas ton cœur, enfant! » Oh! oui, reprenez-vous bien vite, simplement, loyalement, humblement. Ne luttez pas contre vous-même. L'obstination est la pire des faiblesses. Si vous êtes forte, brisez vos liens et dites: « Je me lèverai et j'irai à mon Père! »

La Providence intervint. L'enfant tomba malade, épuisée, la tête en feu, sans qu'on pût diagnostiquer son mal.

Alors elle se rendit. La volonté capitulait, parce que l'instrument était brisé.

Elle appela son confesseur :

« Je n'en puis plus, dit-elle. Ce n'est pas mon corps qui est malade, c'est mon âme. Le médecin n'a rien à y faire. J'ai été folle de lutter ainsi contre le bon Dieu. Tout ce que vous me disiez, je le comprenais. Je sentais parfaitement que j'avais tort, sans avoir le courage de l'avouer. L'orgueil me fermait la bouche. Il me semble que ma conscience ressuscite. Je vous en donne la clé, je ne la reprendrai plus. »

Deux jours après, elle était sur pied, et ce fut une conversion sincère, une période de bonne volonté, de piété douce, de ferveur, jusqu'en 1890.

Les enfants peuvent donc dire, eux aussi ·

Ma vie a son secret, mon âme a son mystère !

car enfin cette lutte sourde où venaient se briser tour à tour, comme sur un roc, les élans de sa piété et les retours offensifs de sa conscience, durait, pour le moins, depuis douze ans, sans qu'on ait pu faire parler ce petit sphinx.

A quatre ans, elle poussait déjà cet instinct d'indépendance, cette ténacité orgueilleuse et violente, jusqu'à cette tension morale de tout l'être qui compromet la santé.

Une lettre de son grand-père, datée d'Alicante, en 1877, en fait foi :

« Autant j'ai été heureux, ma chère Lucette, de recevoir ta première petite lettre, autant j'en ai été affligé en y lisant que tu étais *plus méchante que malade*.

» J'ai lu et relu, croyant m'être trompé. Mais, malheureusement, paraît-il, c'est la vérité.

» Quel ne doit pas être le chagrin de ton père et de ta mère?..... »

Et, en quatre longues pages où reviennent sous sa plume des mots très gros : méchanteté, mauvais caractère, désobéissance, crises de colère, emportements, vilaines bouderies, le pauvre grand-père tout ému s'efforce d'assagir et de discipliner cette précoce énergie.

Bien sûr que de grandes conversions d'enfant, qui devaient être éternelles et qui chaviraient dans la première tempête, sont venues couper plus d'une fois cette longue période d'obstination. Mais il fallut attendre jusqu'en 1889 pour en avoir définitivement raison.

Il y eut un moment de relâchement, de dissipation pendant un séjour à la *Louisiane*, aux vacances de cette année-là. Ce ne fut point une rechute. Elle avoua, dans une lettre, un secret désir de n'avoir pas eu tant de grâces, afin de n'avoir point à être si vertueuse.

Une petite intrigue sentimentale, avec un ami
de ses frères, lui laissa au cœur un trouble qui
dura plusieurs mois.

Elle avait dix-sept ans.


Avec une grande loyauté, Sœur Lucie était la
première à reconnaître ses défauts.

Sa passion dominante était l'indépendance,
le besoin de liberté, l'impatience du joug, de la
contrainte et de la gêne.

Très franche, très droite, énergique et spontanée, elle se serait volontiers étalée au premier
plan, non par un calcul égoïste, mais par l'exubérance même de son activité : tempérament
viril, tout en force, tout en action, qui eût été
brusque, fier, autoritaire, s'il n'avait trouvé son
contrepoids dans une grande bonté de cœur.

Pas toujours maîtresse d'un premier mouvement, mais prompte à se ressaisir, elle a cherché d'abord, dans son amour-propre, un frein
à ses passions ; puis, peu à peu, le sentiment du
devoir a dominé.

Ces natures-là sont les meilleures ou les pires :
elles ne s'attardent jamais dans la médiocrité.

« Je suis vive ; un rien m'impatiente et me
met en colère. Mon orgueil se cabre quand
Marie prend un ton de commandement qui
m'exaspère. Elle maintient son dire, moi le
mien ; et nous nous fâchons continuellement.

J'ai bientôt lâché une parole vive, et ça gâte tout. » (1)

« Avec Marie, ça marche bien ; mais les efforts sont plus de son côté que du mien. Je n'ai pas grand mérite. » (2)

Témoin d'une discussion violente, à la *Louisiane*, entre un de ses oncles et une personne de la maison, qu'elle jugeait déloyale, elle en fut toute bouleversée.

« Hors de moi, je me suis enfermée et je vous ai écrit six pages qui m'avaient singulièrement soulagée. Le lendemain, j'ai relu cette lettre ; elle m'a paru si énorme que je l'ai déchirée. Quel volcan vous auriez vu ! L'injustice m'avait exaspérée. Ma colère me fait peur, et je me demande jusqu'où j'irais, si je n'étais pas chrétienne. » (3)

Son directeur, que n'effrayaient plus les éclats de cette énergie que l'on voyait se muer tous les jours en vertu, lui répondit :

« Ne vous déconcertez pas d'être loin encore de la sainteté consommée. Essayez seulement, à coups de patience et d'humilité, d'être une petite sainte en formation. Ne perdez pas trop de temps à déplorer les orages passés ; veillez

(1) Lettre du 24 octobre 1893.
(2) Lettre du 10 août 1894.
(3) Lettre du 26 décembre 1893.

plutôt à vous dominer mieux, à l'avenir. Et, quand le volcan a grondé, envoyez par ici, pour vous décharger, un peu de lave toute brûlante. » (1)

Elle dormit toute une nuit, à même sur le plancher de sa chambre, non par mortification, mais par orgueil, pour la satisfaction d'avoir fait l'effort, de s'être obstinée contre elle-même, d'avoir ménagé à sa volonté ce triomphe sur sa nature.

Elle avait l'esprit trop vif, trop primesautier, pour n'être pas caustique. Elle saisissait à merveille les ridicules, les moindres travers. Elle excellait à les mimer. Fine et spirituelle, « rouée sans l'être », comme elle disait, elle eût eu, dans le monde, de faciles succès. Mais, si sa verve était mordante avec les importuns, les vaniteux ou les sots, elle n'abusa jamais de sa langue aux dépens de ceux qu'elle devinait timides, malheureux ou sans défense.

Les défauts de Sœur Lucie, aussi bien que ses qualités, excluaient la frivolité et la coquetterie. Elle avait beaucoup d'ordre, un goût très sûr, le sens du beau et une horreur instinctive de tout ce qui est vulgaire et banal.

Son orgueil était sérieux. Il ne s'abaissait

(1) Réponse du 29 décembre 1893.

pas aux mesquineries de la vanité et de la pose qui rendent tant de jeunes filles déplaisantes.

On glane bien, de-ci de-là, sous sa plume, quelques échos mondains :

« Nos chapeaux sont très bien : paillasson uni, bleu marine; un gros nœud de soie, teinte grenat, sur un côté; de l'autre, un petit chiffonné de même, avec un bouquet de bluets pâles, mignons, très jolis. »

« Le crépon rose, sur nos pailles noires, sera beaucoup plus distingué..... »

Mais si elle note ces détails de coquetterie, c'est dans des lettres à son père, et pour lui être agréable.

« Je suis sûre, dit-elle, que cela vous fera plaisir. »

Elle alla, avec ses sœurs, à quelques soirées, en passant, sans la moindre préoccupation. Elle annonçait cela, comme une chose très simple, à son directeur qui lui répondait :

« Je ne suis pas fâché que vous mettiez le bout du nez dans le monde, et même le bout du pied. Il vaut mieux, puisque l'occasion s'en présente, que vous ayez vu un peu et goûté pour juger, pour peser et vous libérer du prestige de l'inconnu. Ouvrez bien les yeux, pas tant la bouche et moins encore les oreilles. »

« Nos robes ont produit leur petit effet, ce

soir-là, écrit-elle à sa tante. J'avais pour danseur un officier empoté. Nous nous sommes bien amusées. »

Au sortir du pensionnat, à dix-huit ans, avant de repartir pour la *Louisiane*, elle avait demandé elle-même un règlement de vie, pour guider et soutenir sa bonne volonté.

L'aspect fatigué de ce petit cahier atteste qu'elle l'a lu et relu bien souvent.

On lui disait que la vertu est autre chose que la stricte fidélité au devoir; qu'elle consiste dans l'amour du devoir, qui suppose, avec l'esprit de foi, l'esprit de sacrifice; — que rien n'empêche autant d'être maître de soi qu'un tempérament impulsif, mal dompté, et que ceux-là seuls peuvent se donner, avec la souplesse et la générosité qu'exige le vrai dévouement, qui savent se posséder et se contenir; — que de revenir sur un premier mouvement de dépit ou d'humeur, ce n'est point faiblesse, mais force de caractère; — qu'il ne faut pas chercher, dans les défauts des autres, une excuse pour soi-même; — que le nombre s'accroît des malheureux pour qui le monde n'a ni pitié ni justice, et qu'il y a des joies, insoupçonnées des égoïstes et des mondains, à faire du bien aux autres.

On la mettait en garde contre les empressements, les sympathies réelles ou simulées qu'une jeune fille ne peut manquer de rencontrer sur son chemin :

« N'en soyez pas dupe. Une grande droiture d'intention, d'abord ; puis, une réserve aisée, qui s'impose aux autres, vous feront éviter tous les pièges. Consultez plutôt votre conscience : votre cœur est trop bon pour être assez défiant. »

On insistait sur le choix des lectures :

« Ne vous en rapportez pas à l'appréciation courante du monde. Ne cédez pas à la curiosité. Défendez-vous, car les livres malsains viendront d'eux-mêmes sous votre main. Le goût des romans est la marque d'un esprit superficiel et frivole. Il va rarement sans quelques faiblesses morales. Il est plus aisé de s'abstenir que de se reprendre. N'en faites pas la triste expérience. »

On lui demandait un quart d'heure d'oraison, tous les jours.

Elle a suivi ponctuellement ce programme.

« Je me suis fait violence. J'ai beaucoup pris sur moi.

» Je sens maintenant que le bonheur n'est pas dans la satisfaction de ma volonté, mais dans le devoir. Pour rien au monde, je ne voudrais plus sacrifier mon devoir au plaisir.

» Je sais aussi que je n'irai pas au ciel en suivant mes caprices ; que la vie est courte ; et que le principal, c'est de la passer saintement ;

que Dieu attend de moi plus que je ne lui donne ; qu'enfin ce serait une lâcheté de ne pas mettre en valeur toutes les grâces que j'ai reçues.

» Alors je me suis dit : coûte que coûte, j'avancerai. Je suis colère, orgueilleuse, égoïste : je deviendrai douce, humble, dévouée. Ce que d'autres ont fait, je le ferai.

» Voilà ce que je veux. Mais j'ai de telles tentations de me laisser aller, de me plaindre quand je souffre, de prendre mes aises, de jouir, que je suis obligée de frapper fort, pour ne pas m'arrêter en route.

» Et quand j'ai bien lutté, quand je n'en puis plus, pour reprendre courage et me remettre à marcher, je m'isole, je pleure et je prie. » (1)

Cette heureuse transformation, dont tous les siens étaient témoins, est confirmée par un mot de son directeur, pour la fête de sainte Lucie :

« La *lumière*, enfant, a été pour vous plus qu'un nom : un signe, un attrait pour votre âme. Jamais vous n'avez boudé longtemps au devoir. Et, à mesure que vous marchiez dans ce sentier qui mène droit à Dieu, vos défauts naturels s'atténuaient, tandis que les dons du ciel s'épanouissaient en vous, comme la bonne semence dans une terre de choix.

» Et ne croyez pas que je cherche à donner,

_____

(1) Lettre de 1893.

à ce bouquet de fête, des senteurs pénétrantes et capiteuses. Non, je prends, à même, les fleurs des champs, celles qu'on a sous la main et qu'on cueille à brassées.

« Du reste, si je loue volontiers l'œuvre de Dieu en vous, comme l'Eglise le fait en votre jeune patronne, c'est pour vous inviter à posséder, à son exemple, *votre âme dans la patience* (1) et à vous montrer d'autant plus ardente au bien, que vous avez été comblée de plus de grâces. »

La *Louisiane* était à quatre kilomètres au moins du bourg le plus proche; et, l'hiver surtout, Lucie ne communiait pas aussi souvent qu'elle l'aurait souhaité. Elle y suppléait par une régularité plus grande à ses exercices de piété. Elle les faisait, de préférence, dans la petite chapelle de la villa, où jadis on avait dit la messe chaque dimanche. L'habitude était prise de la méditation quotidienne. Le vendredi, elle faisait son chemin de croix. Durant tout un carême, alors que ses sœurs étaient en Champagne, elle associa son père, ses frères et toute la maison à sa lecture spirituelle, et, le soir, on récitait le chapelet en commun.

(1) Cf. office de sainte Lucie : *In tua patientia possedisti animam tuam, Lucia, sponsa Christi.*

Depuis longtemps, son père souffrait d'un rhumatisme goutteux qui s'aggrava rapidement. La marche d'abord lui devint impossible, puis il perdit l'usage de ses mains.

Il était fier de ses filles. Il les aimait sans mesure. Sans mesure, elles lui rendaient sa tendresse.

Ce fut, entre elles, une émulation de piété filiale pour l'entourer de soins affectueux; de prévenances délicates pour écarter l'ennui de sa chambre de malade, pour le consoler, aux heures de lassitude.

Mais cette épreuve sans fin, dont on notait les progrès tous les ans, pesait lourdement sur la *Louisiane*.

« Je n'en pouvais plus, ces jours-ci. Je me suis enfermée à la chapelle pour pleurer sans contrainte. Je souffre tant de ne pouvoir soulager mon pauvre père! Je ne suis pas découragée, mais si triste, que je laisse, avec vous, déborder mon cœur qui est trop plein. » (1)

Six mois plus tard :

« Triste jour de l'an! J'appréhende que le courage me manque. Papa est parfois difficile à soigner, parce qu'il souffre. Ajoutez à cela quelqu'un qui bougonne tout le temps et qui l'irrite au lieu de nous aider à lui épargner les

(1) Lettre à sa tante.

contrariétés, et vous aurez une idée ce notre tâche. » (1)

« Je n'ai rien fait qui vaille, cette semaine ; pas une demi-heure de prière sans une foule de distractions, et des impatiences, plus que je n'en puis compter. Je suis lasse de me supporter ainsi. Je me demande ce qu'il en serait de moi si je me laissais aller. Je lis la vie de sainte Thérèse, pour apprendre d'elle, qui a tant aimé Notre-Seigneur, à l'aimer aussi un peu. » (2)

« Ça ne va pas très bien, dit-elle encore. Si j'avais seulement quelques heures pour me reprendre lorsque je n'en puis plus, cela me ferait du bien. Mais je n'ai que le soir, très tard, et je tombe de sommeil. » (3)

Ces fléchissements n'étaient que passagers. Sa foi la soutenait. Un mot de Reims la remettait à flot :

« Dans le bagage de ceux qui vont au ciel, n'y a-t-il pas toujours la croix ? Nos sacrifices, enfant, sont encore, de toutes nos actions, celles qui rapportent les plus grosses rentes au guichet du paradis. Ça ne sonne pas, dans la main, le gai carillon de l'or, c'est terne comme les

---

(1) Lettre à sa tante, 1er janvier 1893.
(2) Lettre à sa tante, novembre 1894.
(3) Lettre, 1894.

papiers de la Banque, mais ce sont des valeurs à réaliser plus tard. Encaissons-les précieusement.

» A la rame toujours, dites-vous, sans le plus léger souffle dans la voile, c'est dur. Est-ce vraiment un mal? Non. J'ai la conviction que vous seriez heureuse dans vos sacrifices, avec une goutte de consolation spirituelle; mais vous perdriez la moitié de vos mérites. Courage donc! Le cœur, lorsqu'il a sa part, peut se faire de grandes illusions dans la piété : la foi ne trompe jamais, et la volonté seule a les responsabilités. » (1)

« Toute la maison se réjouit, écrit-elle, quand m'arrivent des lettres de Reims: car alors je suis d'une humeur charmante et tout me semble facile. »

C'est que jamais un appel à la générosité ne restait sans écho dans son cœur :

« On passe à travers les difficultés comme on passe à travers un fourré. On s'égratigne. Le cœur saigne, les yeux pleurent. Mais la volonté traîne la bête, et l'on arrive tout de même. Où serait le mérite, si je ne sentais rien? La joie du devoir accompli a ramené la paix dans mon âme, et me voilà repartie bravement. » (2)

(1) Réponse du 21 novembre 1894.
(2) Lettre à sa tante.

On ne se douterait pas, à la voir si vaillante,
que sa piété était sevrée de toute consolation.

« Je mange du pain noir. J'aurais tant besoin
d'un peu de consolation intime, dans ces longues
journées d'impuissance, auprès de mon pauvre
père qui est si souvent découragé et toujours
triste! Eh bien, à la chapelle, je suis comme un
morceau de bois. La volonté soutient, à défaut
du sentiment. Mais c'est dur! » (1)

« Mon baromètre spirituel est plus que jamais
à la sécheresse. Je tiens bon, à force de volonté. » (2)

On lui répondait :

« Le mal n'est pas que vous soyez comme
cela; ce serait qu'étant ainsi, parce qu'il plaît
à Dieu d'accroître vos mérites en vous éprou-
vant plus durement, vous vous en affectiez au
point de glisser au découragement.

» Vous verrez, malgré que vous ne le sentiez
pas, que Notre-Seigneur vous a beaucoup aimée.
Il vous traite comme le vigneron traite sa vigne.
Rappelez-vous le mot de l'Évangile : « Le rameau
» fécond, plein de sève et plein de promesses,
» on le taillera, on l'élaguera, dût-il en souffrir,
» pour qu'il produise davantage encore. »

» Dans l'état où vous êtes, vous devez baser

_________________

(1) Lettre du 6 août 1893.
(2) Lettre du 9 octobre 1893.

votre vie spirituelle uniquement sur vos intentions et sur vos actes, en tant qu'ils sont œuvre de volonté, de façon à retrouver quand même, et du seul fait du devoir accompli, une satisfaction très calme et très austère, peu ou point sensible, mais beaucoup mieux fondée et plus sûre que l'émotion pieuse.

» Il y a deux façons de voyager : voyage d'affaires et voyage d'agrément. Quand on voyage en touriste, il importe que la route soit intéressante, à un titre quelconque. Mais, quand on va pour arriver, l'état des chemins devient secondaire. Tant mieux s'ils sont bons et agréables : l'essentiel, c'est qu'ils mènent au but. Que de gens marchent ainsi, uniquement préoccupés d'arriver, indifférents aux détails de la route !

» Pourquoi n'accepteriez-vous pas ce régime et cette allure, quand il s'agit d'aller au ciel ? Les gens impressionnables, les imaginatifs, sont maussades dans ces voyages ingrats ; les sages, qui jugent plus sainement des choses, demeurent calmes et de bonne humeur à côté d'eux. » (1)

« Revenez sans cesse à ce *fiat* énergique qui assoira votre âme tremblante, sur le roc. La pierre est froide, elle est dure, mais elle est solide. On y est mal, mais on y est en sûreté. Soyez persuadée que vous êtes plus agréable

(1) Réponse du 15 octobre 1893.

à Dieu, en acceptant ainsi l'obscurité et la sécheresse, qu'aux périodes les plus lucides et les plus
consolées où l'âme sent qu'elle aime et voit ce
qu'elle fait.

« L'Église, qui poursuit sur la terre la mission
du Sauveur, doit reproduire, dans son corps
mystique, la vie de Jésus et s'associer à toutes
les phases de son sacrifice. Croyez-vous que
ce lot ingrat des abandons et des larmes soit
réservé aux indifférents? Comme autrefois, ce
sont les préférés, ceux qu'il aime davantage,
que le Seigneur Jésus emmène à Gethsémani.
Or, dans cette nuit d'angoisse et malgré l'imperfection de leur vigilance, Pierre, Jacques et
Jean devaient garder, au fond de leur cœur, la
joie confuse d'avoir été assez aimés pour être
appelés à ce rôle plus austère. » (1)

« Ne scindez pas votre vie en deux morceaux.
Acceptez-la en bloc, avec la certitude que, par
ces voies rudes, elle aboutit au ciel. Et alors
il arrivera que la paix, fruit anticipé de la confiance sur le but final, vous établira dans une
sorte d'indifférence raisonnée sur les moyens,
sur le temps qu'il fait, la nature des chemins,
la façon de marcher, les éléments matériels du
devoir quotidien. Et vous y puiserez, en dépit
de la souffrance, une sérénité d'enfant qui ne se

(1) Lettre de décembre 1894.

sent pas, mais qui se sait aimée du meilleur des pères. » (1)

Sœur Lucie comprenait ce langage.

« C'est toujours la même aridité. J'ai l'impression d'être abandonnée dans cette obscurité qui rend si froids mes rapports avec Dieu. Pourtant vos efforts ne sont pas perdus. Je goûte enfin cette joie que vous m'avez fait pressentir. J'accepte ma souffrance, et je ne demande plus qu'elle me soit enlevée. » (2)

Elle revenait sur cette pensée, quelques mois plus tard :

« Mon bonheur réside uniquement dans l'abandon entier de moi-même renouvelé tous les jours et mis à l'épreuve à chaque instant; dans cette souffrance de l'âme qui ne goûte aucune consolation et demande à n'en point avoir; dans cette âpre jouissance qui fait que, plus je sens vivement l'épreuve, plus je la comprends et la désire, puisqu'elle accroît mon mérite aux yeux de Dieu.

» Ma foi a grandi de tout le sentiment enlevé à ma piété. C'est comme un appui frêle remplacé par un autre, si solide et si lumineux qu'on s'y repose avec confiance malgré les plaintes de la nature.

» C'est froid, c'est calme, austère, ce que

(1) Lettre de mars 1895.
(2) Lettre de mai 1895.

je ressens; mais c'est fort et joyeux en même temps. Voilà mon bonheur, et je ne le changerais pour aucun autre. » (1)

On ne pouvait qu'encourager cette générosité :

« *Noël! Noël! Paix aux âmes de bonne volonté!* Allez vite à ce rendez-vous des anges. Écoutez bien ce qu'ils disent : *Qui veut la paix? Voilà son prix!* Achetez sans or ni argent. Achetez beaucoup. Videz votre escarcelle, je veux dire votre bon cœur, dans les mains des anges, et tendez larges les vôtres pour qu'ils vous fassent part de leur trésor! » (2)

L'épreuve n'était pas terminée, mais elle était comprise. On la sentait féconde. On en savait le prix.

Le cœur restait meurtri : l'âme se reprenait, comme un malade se reprend après un traitement douloureux qui a réussi.

C'était le désert encore, mais le désert hospitalier dont on connaît les ressources, et non plus la morne solitude où l'on se croit perdu.

Il y avait eu comme un dédoublement de l'être moral. La conscience-impression, si l'on peut dire, n'avait pas retrouvé la sensation de la paix, mais son trouble n'envahissait plus la conscience-jugement, et la foi épurée était montée plus

(1) Lettre de décembre 1895.
(2) Réponse du 25 décembre 1895.

haut, là où la foi ne dit plus rien aux sens.

Dès qu'on a franchi cette passe laborieuse et qu'on s'est prêté généreusement à ce travail intime de la grâce, un grand pas a été fait dans la vie spirituelle.

Car, loin d'être un délaissement, cet abandon apparent est une provocation de l'amour divin.

C'est la tactique des mères pour éprouver, pour aviver l'affection de leurs enfants. Elles se cachent, elles se retirent. Et le bébé, tout effaré, lâche ses jouets. Il pleure, il appelle, tremblant d'être abandonné. Émue plus que lui, la mère se tait, elle attend. Elle prolonge ce jeu où elle se complaît, qui fait souffrir l'enfant, ravie, non pas qu'il pleure, mais qu'il l'appelle et qu'il la cherche.

Elles ne se comptent plus, les âmes entraînées à la perfection par ces sentiers ardus, qui ont méconnu la visite du Seigneur, qui ont piétiné sur place et qui sont restées en chemin, faute d'attention ou faute de courage.

Sœur Lucie a vu clair. Elle n'a pas marchandé l'effort.

Elle a compris que l'*Abneget semetipsum*, le renoncement à soi-même, exigé de ceux qui veulent suivre Jésus de plus près, n'est point encore parfait si l'on garde une attache aux consolations même spirituelles. Elle n'a point hésité, comme tant d'autres le font, à entrer résolument dans cette nuit noire et froide, où les âmes fortes sont mises à l'épreuve pour être purifiées.

Ses lettres trahissent la même énergie qui faisait dire à sainte Thérèse, sous l'impression des mêmes désolations : *Laissez-moi ma froideur, ô mon Dieu. J'en souffre tant que ce doit m'être bon !*

Elle a compris encore que, loin d'être une anomalie, cette souffrance était plutôt l'indice rassurant de l'action de Dieu en nous. Car, outre que les communications de la grâce peuvent se faire sans clartés et sans goût, il est évident que l'âme peut recevoir, dans l'ordre surnaturel, plus que ses puissances naturelles ne sont capables de porter, et que, par conséquent, du seul fait que cet accroissement de la grâce est hors de proportion avec nos facultés, elles en sont excédées : il y a vertige, accablement, douleur.

Elle ne se méprend donc plus sur le caractère de son épreuve. Elle en tient la clé. Rien qu'à la façon dont elle en parle, on mesure le progrès qui s'est fait en elle ; on sent que Dieu la travaille, qu'il la pousse en avant ; on se rend compte qu'elle a franchi les premières étapes et que, déjà, elle aborde les degrés plus élevés de la vie spirituelle.

Les premières phases de cette évolution, qui

s'acheva au couvent, avaient coïncidé avec les événements qui déterminèrent l'orientation de sa vie.

La vertu ne se lassait pas, mais la tâche était lourde, et la nature, à la fin, réclamait une détente.

La grande joie, c'était de venir, chaque année, en Champagne, un mois, six semaines, pour entourer aussi une grand'mère, dont le cœur si tendre s'épanouissait au retour de ses petites-filles, pour reprendre contact avec la famille, les amis, les compagnes d'autrefois, tout un monde d'affections dont le charme semblait toujours nouveau, après de si longues absences.

Mais on s'arrangeait pour rester, à tour de rôle, auprès du malade. Et Lucie, à qui ses épreuves rendaient plus pénible la solitude de la *Louisiane*, Lucie, qui attachait tant de prix à ces séjours à Reims, s'ingéniait pour faire la part plus large à ses sœurs.

Elle avait bien son tour, car ni Jeanne ni Marie n'auraient supporté qu'elle poussât trop loin cette abnégation. Mais, dès qu'une complication surgissait, elle était prête tout de suite à s'effacer pour arranger les choses.

Une lettre de sa tante atteste son habileté à plaider, à ses dépens, la cause de ses sœurs :

« Pour un peu, tu nous persuaderais que tu

ne tiens pas du tout, mais pas du tout, à venir en Champagne. Eh bien, Mademoiselle, et nous? Crois-tu donc que nous nous passerons aussi aisément de notre chère Lucie, à supposer que *ce petit caillou* nous plante là? »

En 1893, elle écrit :

« Je ferai volontiers le sacrifice de mon voyage pour Jeanne. »

Puis, au départ de Jeanne :

« J'ai eu du courage. Elle n'a pas soupçonné mon chagrin. A la gare, quelques larmes, et ç'a été tout. Mais quel vide! »

Une autre fois, c'est son frère qui part :

« Dire que demain, à cette heure-ci, Georges sera près de vous! Quelle chance il a! Vous allez me trouver bien peu raisonnable, mais j'en pleure en écrivant ceci. Avec quel bonheur pourtant je vous aurais revue, ne fût-ce que deux ou trois jours!..... Mais non, le devoir vaut encore mieux et je ne veux plus envier le sort de Georges. » (1)

En 1894, elle se dévoue encore :

« Le sacrifice m'a été pénible. Mais je puis dire franchement que l'acceptation a été complète. Je suis contente, d'abord de faire mon devoir, puis d'être utile à mon père et de sentir Marie heureuse. »

_______

(1) Lettre à sa tante, 23 novembre 1894.

Le mariage de sa sœur aînée, qui la fixait à Reims, était un attrait de plus.

Au commencement de 1895, c'est elle qui vient, et sa joie déborde :

« J'ai de la peine de voir rester Marie. Je sais qu'elle l'accepte bien. Mais elle doit tant désirer aller en Champagne!..... et moi aussi! »

A Reims, on les choyait, ces chères exilées, pour mettre un peu de joie dans leur vie, par affection, pour le plaisir aussi de les voir heureuses; car on les sentait si profondément touchées de tout ce qu'on faisait pour elles, si reconnaissantes des moindres attentions, qu'on jouissait soi-même du bonheur qu'on leur donnait.

Le cœur y avait son compte. L'âme y trouvait sa part.

Pour Sœur Lucie, la vie était tout autre. Et cependant, si, en apparence, rien n'était pareil, au fond, rien n'était changé : même esprit de foi, même énergie, semblable abnégation; la manière seule diffère, parce que le cadre et les éléments sont modifiés.

Elle se dévoue, elle se dépense, elle se donne, comme si l'effort ne lui coûtait rien. Toujours occupée, sans être affairée, elle trouve moyen de rendre service à tout le monde, de faire face aux imprévus, aux surcharges, sans récriminer jamais longtemps; car il arrive bien encore, lorsque le choc est plus violent, qu'un geste d'humeur lui échappe : mais c'est à peine si l'instinct a eu le temps de parler, que déjà le sacrifice est fait.

Elle était l'âme des réunions, mettant tout en train à la fois, et les jeux des petits, et les leçons des plus grands, sans paraître y toucher, en riant, l'esprit très libre, avec, toujours, sur les lèvres, une parole aimable pour ces oisifs, plaie des gens occupés, qui ne savent pas perdre leur temps tout seuls.

Quel contraste entre cette belle nature toute en acte, vibrante, virile, généreuse, et ces petites natures frivoles de mondaines, fleurs banales de vanité, molles et prétentieuses, aux grands yeux satisfaits, au fond desquels on ne voit rien, dont les horizons ne vont guère au delà du piano, du roman, du tennis et du coffre-fort, qui gaspillent leur jeunesse, ne pensent qu'à elles et ne vivent que pour elles !

De sa fougue d'antan, il ne lui restait qu'une spontanéité contenue, une ardeur de vie et d'action, une souplesse d'allure qui décuplaient ses ressources pour le bien et lui donnaient de l'ascendant sur les autres.

A vingt ans, tout en elle appelait la sympathie. C'était une belle nature faite de transparence et de sincérité, qui, réellement, affleurait dans son regard, dans son sourire. Et ces qualités, qui lui avaient coûté si cher, paraissaient moins une acquisition laborieuse de la volonté qu'un don rare et gratuit de la Providence.

Il semblait qu'elle eût reçu, pour sa part, les dix talents de l'Evangile.

Elle excellait déjà à dissimuler ses mortifications.

Dans les parties de plaisir, dans les goûters, dans les après-midi de jeunes filles, elle s'occupait beaucoup des autres, allant et venant, quelque chose en main, offrant à celui-ci, à celle-là, pour s'oublier elle-même sans qu'on s'en aperçoive.

Elle échouait, comme par hasard, aux mauvaises places. S'il y avait quelque part un siège incommode, on la trouvait toujours dessus.

Mais les humbles ont beau se faire petits, ils ne peuvent se cacher de tout le monde. Plus ils s'effacent, plus leur modestie s'affirme aux yeux des proches. Sa tante avait surpris son manège; et plus d'une fois, malicieusement, d'un mot, elle lui laissa entendre qu'elle lisait dans son jeu.

Alors Lucie rougissait, sans rien dire.

Elle ne voyait aucune tristesse avec indifférence. Elle ne croisait, dans la rue, aucune douleur sans témoigner, par un regard, par un signe, par l'expression de son visage, qu'elle en était émue.

Déjà, au pensionnat, elle allait de préférence avec les timides, les moins douées, les plus dénuées, celles que les autres délaissaient. Et ce n'était point par goût, car elle était trop fière, en ce temps-là, elle avait trop d'amour-propre, pour que cette prévenance affichée ne coûtât point à sa nature. Mais la bonté l'emportait sur l'orgueil.

Elle avait noté, sur son carnet, cette pensée qui répondait si bien à la délicatesse de sa charité : « Les cœurs ont leur mystère. Ils souffrent souvent aussi de blessures secrètes. Il faut les bien connaître pour les toucher doucement; et, parfois,

> ... Sans vous en douter, vous leur faites ces maux
> Que les petits enfants font aux petits oiseaux. »

Une âme est rarement éprise de dévouement, sans l'être aussi d'idéal.

Sœur Lucie joignait, au sens pratique des choses, une grande souplesse d'intelligence. Elle s'assimilait rapidement une question, une idée, avec la préoccupation d'en tirer parti.

Essentiellement active, elle ne s'attardait point dans l'indécision. L'attente passive, dans le vague, dans le brouillard, lui répugnait. Dans les moments difficiles ou compliqués, elle avait tôt fait de peser le pour et le contre et de prendre une résolution. Elle voyait vite et elle voyait juste. Son jugement était pondéré, sa décision toujours sage.

Son esprit ouvert et cultivé était apte aux plus hautes jouissances intellectuelles. Une belle page, un beau discours, la grande musique, une conversation sérieuse prenaient tout son être.

Elle écoutait avec un ravissement qui semblait venir de plus loin, du fond d'elle-même, de l'écho que lui rendait son âme émue et vibrante, plutôt que des paroles que son oreille entendait.

« Elle parlait plutôt peu, et jamais de frivolités. Ses propos étaient sensés, et sa pensée très nette. Mais elle avait une façon toute particulière d'écouter : toute son âme était dans ses yeux. » (1)

Elle savait apprécier une œuvre d'art. Mais les œuvres de Dieu, dans la nature, l'enthousiasmaient.

Elle a porté, comme un tourment, le rêve de certains voyages : Rome et la Terre Sainte.

Sa physionomie ouverte, la limpidité de son regard, son sourire très fin et très doux, son attitude, sa façon de parler, son être tout entier accusait un parfait équilibre de simplicité et de distinction, sans que l'on puisse dire si sa simplicité rehaussait sa distinction ou si c'était sa

_____

(1) Note d'une novice.

distinction qui ajoutait au charme de sa simplicité.

Et, à constater cet heureux mélange d'intelligence et de vertu, d'énergie et de bonté, de matu-
rité et d'ardeur, dans le plein épanouissement
de la jeunesse, on ne pouvait s'empêcher d'escompter à l'avance le bien qu'elle ferait dans le
monde, sitôt sa vie fixée.

On aurait appris sans étonnement que ses
sœurs, sérieuses et charmantes comme elle,
songeaient à la vie religieuse, mais l'idée n'était
venue à personne que, si Dieu s'était plu à la
combler ainsi des dons de la nature et de la
grâce, c'est peut-être qu'il entendait la réserver
pour lui.

# CHAPITRE II



### L'ÉCLOSION

La vocation religieuse, c'est la révélation anticipée que Dieu fait à une âme de sa prédestination.

Cette prédilection divine est antérieure à l'appel, et, à mesure que l'élue en prend conscience, la vocation s'éveille et se précise.

Quand et comment se fait cette illumination? C'est le secret de la Providence. Mais il est bien rare que ceux qui en sont l'objet n'aient pas quelque pressentiment, quelque intuition plus ou moins confuse de cette élection, le jour de leur Première Communion.

« J'ai fait ma Première Communion avec beaucoup de ferveur, écrit Sœur Lucie. Je m'offris tout entière au bon Dieu, même pour la vie religieuse, sans penser que cela pût m'arriver, sans même le désirer. » (1)

Elle éprouva, quelques années plus tard, à la Toussaint de 1888, « une impression de bonheur céleste dans la communion, un désir surnaturel de mourir ».

(1) Lettre du 21 mai 1895.

Vinrent alors les luttes morales dont nous avons parlé : période délicate de tiédeur, de dissipation et de rêverie, dont elle sortit indemne, et sur laquelle il n'y aurait point à revenir si, à son propre jugement, cette page un peu sombre n'appartenait à l'histoire de sa vocation.

Elle s'en explique ainsi, dans une note qui lui fut demandée, en 1895, pour justifier sa détermination :

« Les mauvais instincts bouillonnaient en moi; j'enviais la vie facile. J'abandonnais mes exercices de piété. Je me sentais glisser sur la pente; et, si la Providence n'avait veillé sur moi, si les occasions s'étaient offertes, je ne sais jusqu'où j'aurais pu aller. Peu à peu, je me suis ressaisie, mais avec une lassitude morale extrême. Je ne voulais plus faire le mal; je ne me sentais pas la force de faire le bien. J'avais repris mes habitudes de piété. En apparence, j'étais calme, mais un travail s'opérait lentement en moi. Je touchais du doigt l'inanité des plaisirs de ce monde. J'étais rentrée en possession de mon cœur, mais avec une sensation de vide que rien, semblait-il, ne comblerait jamais.

» Comment, de là, en suis-je venue à penser à la vie religieuse? Cette transition s'est faite sans secousse et sans aucune intervention de qui que ce soit.

» Seulement, sous cette impression de vide

que je ressentais, avec la conviction que ma vie
ne pouvait pas et ne devait pas être ce que,
dans un moment de folie, j'avais rêvé, je me
suis fait d'abord un idéal de la vie de famille,
du mariage chrétien, dont j'avais tant d'heureux
exemples autour de moi.

» Puis un jour, en 1892, je crois, un passage
de ma méditation me frappa vivement : *La
moisson est grande et les ouvriers font défaut !*
Je me dis : « Pourquoi n'irais-je pas travailler
» à cette moisson pour gagner des âmes à
» Dieu ? »

» Bien des fois, depuis, j'ai chassé cette idée
que j'estimais présomptueuse, car je ne me
sentais ni assez d'amour ni assez d'énergie
pour une telle mission.

» En 1893 et 1894, cette pensée me revint;
mais très discrète. Je ne luttai pas contre et je
ne fis non plus rien pour l'entretenir.

» Je n'apportai aucune modification à ma vie.
Je faisais ce que faisaient mes sœurs.

» C'était précisément cette période si pénible
de sécheresses et d'obscurités spirituelles, sans
la moindre consolation sensible.

» J'ai regardé alors bien en face le mariage
par ses grands côtés et la vie religieuse avec
son but élevé; et je suis arrivée à dire : « Mon
» Dieu, ce que vous demanderez, je vous le don-
» nerai. »

Cette synthèse a l'avantage d'offrir tout de suite, en raccourci, la genèse de sa vocation. Mais, pour suppléer à son laconisme, il est indispensable de reconstituer, parallèlement à ce récit trop succinct, et de noter en marge, des faits, des confidences qui le complètent et qui l'éclairent.

En 1893, une recrudescence de la maladie de son père amena Sœur Lucie à faire un acte héroïque :

« Notre pauvre malade souffre et se décourage. C'est à fendre l'âme! Nous faisons une neuvaine qui se terminera le 15 août. Papa a promis de communier, s'il peut marcher avec ses béquilles. Georges et Joseph se joindront à nous. Le 10 juillet, j'ai offert à Dieu ma santé ou ma vie pour la guérison de mon père. Je n'ai qu'une crainte en renouvelant ce sacrifice, c'est de n'être pas digne qu'il soit agréé. » (1)

Cette oblation un peu téméraire avait besoin d'être mise au point.

« Je voudrais vous gronder; et, dans mon cœur, je n'en trouve pas le courage. Priez, demandez, dévouez-vous, comme la plus douce et la plus patiente des gardes-malades; mais ne tentez pas la Providence; ne mêlez pas

(1) Lettre du 6 août 1893.

la question de votre avenir à ces sacrifices.

» Vous avez une tâche à remplir sur la terre. Laquelle? Je l'ignore.

» Que ce soit le mariage ou la vie religieuse, il y a pour vous une vocation, une mission qui vous attend.

» Puisque vous voulez bien ne pas vous conduire toute seule, soyez aujourd'hui aussi docile que vous avez été généreuse hier.

» L'élan de votre cœur a indiqué votre volonté à vous. Sans rien reprendre du don que vous avez fait, permettez qu'on vous en précise le sens et l'esprit. Acceptez qu'il se réalise sous une forme plus surnaturelle, et puisez, dans le souvenir du 10 juillet, une force, dont vous seule saurez la source, pour donner à Dieu, en détail, votre vie tout entière, dans le devoir tel qu'il vous apparaîtra au jour le jour. » (1)

Par retour du courrier, sa réponse, datée du 12 août, apporta, en deux mots, l'acquiescement complet de son jugement et de sa volonté.

« J'ai pris mon crucifix et j'ai demandé à Notre-Seigneur de bien garder le don que je lui ai fait de moi-même, en acceptant qu'il ait lieu sous une forme plus surnaturelle. Oh! oui, je lui donne, en détail, ma vie entière dans le devoir, tel qu'il m'apparaîtra au jour le jour.

(1) Réponse du 10 août 1893.

Qu'il me montre le chemin, qu'il m'indique ma tâche, et je n'hésiterai pas. »

C'est en août 1894 qu'elle parla ouvertement, pour la première fois, de sa vocation à son directeur, dans une longue lettre qui est à citer tout entière.

« Je ne me sens attirée vers le mariage que par le côté humain et non par le besoin de trouver un appui moral, un compagnon qui m'aiderait à cheminer chrétiennement dans la vie.

» Ce n'est pas l'appréhension de ne pas rencontrer l'amour que mon cœur peut rêver qui me fait penser au couvent.

» Ce n'est pas davantage l'exaltation religieuse. Vous connaissez l'état sec et froid de mon âme. Vous en pouvez juger mieux que personne.

» Je veux, par-dessus tout, me sanctifier. Or, les moyens de sanctification sont plus abondants dans la vie religieuse. La voie est plus austère, c'est vrai, mais elle est plus sûre et plus directe. Et la vie est si courte !

» Et puis, le bon Dieu m'appelle. Je le sens bien. Ses sollicitations sont discrètes. Elles datent déjà de trois ans. J'y veux répondre, puisque j'ai compris.

» Vous m'avez dit, et j'en ai la certitude maintenant, que si le bon Dieu m'a donné une nature plus sensible, s'il permet que je souffre par l'absence de toute consolation spirituelle, c'est qu'il veut me conduire plus loin, par la voie du sacrifice. Eh bien, je suis prête à renoncer à tout, pour le suivre.

» Je ne suis pas faite pour la vie contemplative. Je ne me sens pas de goût pour l'enseignement. Je serai Sœur de Charité! J'aime passionnément les pauvres : je veux me donner aux malheureux, pour leur faire entrevoir l'audelà, si consolant pour ceux qui pleurent ici-bas.

» Je me sens un ardent désir de travailler au salut des âmes, sans autre récompense que Dieu seul.

» Si je vous parle de tout cela aujourd'hui, ce n'est pas que je songe à partir tout de suite; mon devoir est de rester tout cet hiver encore. » (1)

Il n'y a pas un mot à reprendre dans cette déclaration où se révèlent si bien la netteté de son esprit et la fermeté de son caractère.

Volontiers, on aurait signé, avec elle, sans plus tarder, une décision si sagement motivée. Mais, lorsqu'il s'agit de vocation, l'excès de prudence est la mesure qui convient.

Sans combattre sa résolution, tactique inutile et inopportune avec une nature énergique et pon-

______

(1) Lettre du 22 août 1894.

dérée comme la sienne, on lui demanda de la mûrir encore.

« Plus que jamais, ramenez votre piété au devoir positif de chaque jour. Ne considérez pas votre avenir comme fixé vis-à-vis de vous-même. Il est à l'étude.

» Placez-vous de temps en temps, avec calme, en face du mariage. Étudiez-le.

» La rêverie religieuse, qui illusionne, n'est pas à craindre pour vous; restez cependant en défiance contre la sensibilité, je veux dire une certaine crainte de ne pas rencontrer, dans le mariage, l'affection idéale que réclament vos vingt ans.

» Le couvent, il s'en faut, n'exclut pas ces natures ardentes qui se donnent généreusement parce que le cœur est bon, mais qui auraient pu aussi faire leur bonheur d'un peu d'affection retrouvée.

» Quand on est ainsi doué, avoir une vocation, c'est être décidé à donner tout cela, librement et joyeusement, au bon Dieu, en sentant très bien à quoi on renonce; — c'est mettre, au-dessus de son sacrifice, le choix que l'on fait, non plus avec son cœur sensible, mais avec sa volonté, des biens que Dieu promet à ceux qui quittent tout pour le suivre; — c'est être heureux de refaire sur la terre, sans la présence sensible de Notre-Seigneur, ce qu'ont fait, près

de lui et pour lui, **ceux** qu'il appela ses amis;
— c'est ne pas reculer devant les labeurs, les
contradictions, les souffrances, les larmes, qui
sont, ici-bas, le lot des prédestinés.

» N'étouffez donc rien; ne condamnez rien,
surtout. Pesez, d'une part, le bonheur humain
possible, et, d'autre part, le sacrifice à faire;
puis, doucement, sans impatience, laissez la
grâce incliner votre âme vers les résolutions
que Notre-Seigneur préfère pour vous.

» Il y aurait lâcheté, sans doute, à reculer
devant ces sentiers ardus qui mènent si droit
au but. Mais il y aurait présomption à mettre
soi-même, sur son dos, une charge qui pourrait
être écrasante.

» Priez pour votre vocation, avec un esprit
bien libre; et, **toutes** les fois que vous sentirez
du trouble, imposez-vous, pendant quelques
jours, de n'y plus penser. » (1)

Ces conseils de patience ne provoquent pas
la moindre objection. Elle s'y plie avec une
docilité d'enfant.

Quelques semaines plus tard, elle écrit :

« Vous me dites de ne pas considérer mon avenir
comme fixé : donc, je m'étudie et je cherche.

» Tous ces temps-ci, j'ai eu l'occasion de me
placer en face du mariage et de m'interroger.

(1) Réponse du 29 août 1894.

Nous avons ici, à la *Louisiane,* avec son mari et son enfant, une cousine mariée depuis un an. Bien souvent je m'occupe du bébé et je me figure que je suis mariée, moi aussi, selon mes goûts, avec des enfants à moi, un intérieur, le bonheur enfin, autant qu'il peut exister ici-bas. Puis je me vois au couvent, loin de tous ceux que j'aime, soumise aux supérieurs, du matin au soir, en contact journalier avec des caractères plus ou moins sympathiques, des natures communes même, avec, par-dessus le marché, des privations spirituelles et corporelles. Eh bien, pas une seule fois, le premier tableau ne l'a emporté sur l'autre!

» Mon Dieu, la vie est si courte! — plus courte encore qu'elle ne le pensait. — Dans le bonheur humain, avec un cœur comme le mien, je pourrais vous oublier, m'attacher trop à la créature et ne plus vous aimer assez : Prenez mon cœur, du temps qu'il est pur; je vous le donne, et si volontiers!

» Non vraiment, je n'irai pas au couvent par l'appréhension de ne pas rencontrer l'affection idéale que réclament mes vingt ans; ce sera avec la volonté de mettre toute cette ardeur, toute cette passion qui fera ma force, au service de Dieu. » (1)

(1) Lettre du 7 septembre 1894.

Le fait que ces dispositions allaient de pair avec ses aridités spirituelles, en soulignait la valeur.

« Je suis toujours aussi sevrée dans ma vie spirituelle. Mes prières ne sont qu'un long chapelet de distractions. Je suis lasse, lasse de me supporter ainsi. Je dis souvent: « Mon Dieu, » battez-moi plutôt, mais ne me laissez pas » comme un morceau de bois en votre pré- » sence! »

» J'ouvre l'*Imitation* et je tombe sur un passage qui me convient. Alors, je prends courage, et me voilà repartie.

» Mais, si la nature souffre et crie de cet état de sécheresse, au fond, j'ai la paix, et c'est avec beaucoup de calme que, presque chaque jour, je pense à la vie religieuse.

» Voyez-vous, je suis plus faite qu'une autre pour souffrir, tout en ayant moins de mérite, à cause de mon caractère. Vous allez me trouver drôle, mais il est pourtant certain qu'avant d'avoir jamais songé au rôle de la souffrance dans la vie chrétienne, je m'étudiais à me faire violence. Je l'ai fait pour la peur et pour d'autres choses encore.

» Je n'ai peut-être pas été plus éprouvée que d'autres; mais je sens si vivement, que ça compte double.

» Bref, j'aime mieux faire le sacrifice de mon bonheur humain, qui sera toujours très court, et m'assurer, auprès de Dieu, le bonheur promis à ceux qui quittent tout pour le suivre.

» Et ce n'est point là un sentiment plus ou moins vif, selon que je suis gaie ou triste, c'est une perspective que j'envisage chaque jour avec autant de calme que d'attrait. » (1)

On pourrait croire que ces considérations très surnaturelles restent dans l'ordre spéculatif et que cette virilité de conception tient à ce qu'elle n'envisage que les côtés élevés de sa vocation, et, de loin, sans se rendre bien compte de ce qu'il en coûtera à son cœur.

Mais ce serait une erreur. Elle y pense, et la souffrance envahit son âme, en même temps que la lumière.

Elle y revient sans cesse dans sa correspondance, et dès les premiers jours : « La perspective d'avoir à quitter tous ceux que j'aime me cause un vrai désespoir. Et pourtant, j'entends si nettement la voix qui me dit : *Va, je te soutiendrai!* Quand l'heure sera venue, tu auras la force qui te manque aujourd'hui. » (2)

Et encore :

« Je viens de tomber sur ce passage, en faisant ma lecture spirituelle : *De l'héroïsme dans l'épreuve :* « Mon Dieu, vous m'avez donc

----

(1) Lettres de novembre 1894 et mars 1895.
(2) Lettre à sa tante, juillet 1894.

» abandonné! Vous m'avez mis en oubli. Mais,
» Seigneur, faites hardiment ce que vous voudrez.
» Déchirez, brisez, et croyez que je ne vous
» quitterai jamais. » Et en lisant ceci, je sens
bien que ma volonté est telle. La peine est là,
toujours sensible; mais je dis à Dieu : « Dispo-
» sez les choses, non selon ma faiblesse, mais
» selon votre volonté. » (1)

Elle avait un tel empire sur elle-même, que ces
luttes intimes, dont personne, d'ailleurs, n'eut
jamais à pâtir, passaient inaperçues autour
d'elle. Car elle ne boudait plus à l'épreuve; elle
ne s'attardait pas dans ces crises de lassitude
morale; elle reprenait vite le dessus, par un acte
d'énergie, et il n'en restait rien d'apparent, pas
même un état vague de langueur ou de mélancolie; elle repartait, selon son expression, pour
une étape encore; et, dès qu'elle rentrait dans
la vie des autres, elle y apportait son entrain,
sa belle humeur, au point qu'il fallait calmer son
activité et contenir son dévouement :

« Elle est trop vaillante, cette bonne petite
nature. Elle donne, elle donne, sans calcul, sans
mesure, et son ardeur l'entraîne jusque dans
l'intempérance, qui est un désordre et un
défaut. » (2)

(1) Lettre à sa tante, novembre 1894.
(2) Lettre de 1894.

Au Carême de 1895, un événement surgit, une proposition de mariage, qui brusqua le dénouement.

La situation était **extrêmement** délicate.

Devait-elle se dérober, alors que, en réalité, la question de sa vocation n'était pas tranchée?

Pouvait-elle le faire, alors **que, dans son** entourage, sa tante exceptée, personne ne soupçonnait ses dispositions?

Le parti qu'on lui présentait répondait absolument à la conception qu'elle se faisait du mariage : un foyer chrétien, en Champagne, à proximité de sa sœur, avec une tâche sociale dans un milieu ouvrier.

On lui conseilla de ne point écarter *a priori* cette proposition, sans y avoir mûrement réfléchi :

« L'affaire que la Providence place aujourd'hui en face de votre vocation va nécessairement hâter une solution qu'en somme il est sage **de** prendre et que votre âge impose.

» Restez calme. Laissez vos préférences **se** dessiner, sans vous troubler des oscillations possibles de votre **volonté** entre l'une et l'autre voie. Assistez tranquille, sans prendre encore parti, à cette consultation de vous-même, qui se fera doucement, sous l'influence de l'inclination naturelle et de l'attrait divin. » (1)

_______

(1) Lettre du 23 mars 1895.

Elle demanda et elle obtint un répit, jusqu'à un prochain voyage en Champagne.

A Reims, dès son arrivée, pour se préciser à elle-même son état d'âme, elle écrivit cette note du 21 mai, citée plus haut (p. 38), qui se termine par ces mots : « Ce que vous me demanderez, ô mon Dieu, je vous le donnerai. »

Le soir même, elle entra en retraite, au couvent de l'Assomption, résolue à n'en sortir qu'avec une décision ferme.

Systématiquement, on ne lui mit en mains que des méditations sur le mariage et sur la mission des mères chrétiennes : rien qui eût trait à la vie religieuse.

Le troisième jour, après une longue station à la chapelle, où son recueillement profond avait frappé tout le monde, elle formula ainsi son élection définitive :

« Je sens, comme saint Augustin, ô mon Dieu, que vous m'avez faite pour vous, et que mon cœur sera toujours dans l'agitation et le trouble jusqu'à ce qu'il se repose en vous.

» Il y eut un temps pendant lequel je me suis tenue à l'écart de vous. J'aurais voulu pouvoir vous chasser de ma vie, pour être libre. Si vous m'aviez abandonnée, mes défauts et mes passions m'auraient perdue. Vous ne vous êtes pas lassé de m'appeler et de m'attendre, malgré le peu d'empressement que je mettais à me rapprocher de vous.

» Les pensées qui m'ont arrêtée sur cette pente, c'est vous qui me les avez inspirées. Peu à peu, je suis revenue à de meilleurs sentiments, j'ai compris qu'on ne peut pas vivre loin de vous.

» J'ai entrevu la large part que l'on peut vous donner dans le mariage chrétien, qui satisfait d'ordinaire les aspirations de l'âme et du cœur. Ce bonheur humain, je puis l'avoir à moi, tout de suite, avec la certitude de faire mon salut dans cet état.

» Pourquoi, ô mon Dieu, cette perspective de mariage, dans des conditions si excellentes, laisse-t-elle un vide au plus intime de mon âme?

» Vous seul, vous tout seul êtes donc capable de le combler!

» Je le sens, ô mon Dieu, c'est vous qui l'emportez.

» Vous m'avez appelée, vous m'avez dit: « Veux-tu me suivre? » Seigneur, aujourd'hui je vous dis un oui définitif. Je réponds à votre amour: je suis toute à vous! Je vous appartiens à jamais. Je veux tout quitter pour vous suivre, et je donnerai ma vie aux pauvres, car j'aime passionnément les malheureux.

» Je ne suis pas digne de cette vocation. Mais vous réservez souvent vos miséricordes à ceux qui les méritent le moins.

» Ce à quoi je tiens le plus, je vous le livre : mon cœur et ma volonté! Mon cœur avec ses affections; ma volonté avec toute son ardeur! Je vous livre mes facultés que j'appliquerai au bien, mes forces que je consacrerai à l'apostolat, pour amener d'autres âmes à cette lumière qui m'a attirée vers vous, dès mon enfance.

» Je vous donne tout, ô mon Dieu! A moi, ne rendez rien ici-bas, pas même vos consolations dans la prière. Mais, en retour — et cela, vous ne pouvez me le refuser, — donnez, à ceux que j'aime, l'énergie s'ils sont faibles; la générosité s'ils en manquent; la ferveur s'ils sont tièdes. Détachez du monde ceux que fascineraient les séductions et les bagatelles de cette misérable vie. Rendez au centuple, à ceux qui ont aimé mon âme, le bien qu'ils m'ont fait. N'abandonnez jamais ceux que je laisse ainsi pour vous suivre. Je n'aurais point le courage de me séparer d'eux, si vous ne les preniez tous sous votre protection. Que mon sacrifice leur soit profitable!

» Je ne sais pas prier, ô mon Dieu; que mes actes soient une prière continuelle et vous redisent mon amour!

» La vie est courte, je veux aller au ciel par le chemin le plus direct. Je prends la meilleure part! » (1)

(1) 24 mai 1895.

Cette fois, le pacte était signé. Les paroles que l'on ne reprend plus avaient été dites. Et, pendant cette action de grâces qui fixa son avenir — elle en fit la confidence, — il y eut, dans son ciel, une éclaircie. Pour un moment, l'impression de sécheresse disparut, comme un voile épais qu'on soulèverait. Elle perçut très nettement que sa prière était entendue et son oblation agréée.

Pendant que son cœur saignait, une joie intense et très douce descendait dans son âme.

Puis, le sacrifice une fois fait, lorsqu'elle eut tout donné, de ce geste large et résolu qui plaît à Dieu, le voile retomba, la lumière s'éteignit, et il ne lui resta plus, avec sa volonté, que sa foi obscure et froide pour accomplir le vœu qui engageait toute sa vie.

On ne peut s'empêcher de songer, en souriant, à sainte Thérèse confessant « ses grandes infidélités » qui furent à peine des fautes, lorsqu'on voit Sœur Lucie déplorer, avec tant d'insistance, ses « égarements », témérités d'enfant, luttes intimes de l'adolescence, fièvres d'indépendance qui troublèrent sa conscience, sans la charger beaucoup, comme ces volcans qui grondent sans jamais faire de catastrophes.

Ne pourrait-on pas pousser un peu plus loin le rapprochement et signaler encore, outre une certaine analogie de tempérament, quelques traits de ressemblance entre ces deux vocations : même aridité spirituelle, semblables appréhensions, motifs déterminants tout pareils?

Sainte Thérèse n'a-t-elle point écrit : « J'avais le cœur si sec, que j'aurais pu entendre lire toute la Passion du Sauveur, sans jeter une seule larme; et j'en souffrais beaucoup de peine. »

Ne déclare-t-elle pas qu'elle ne fut point amenée à la vie religieuse par un attrait irrésistible, dans un élan d'enthousiasme, ni par un appel direct de Dieu; mais qu'elle y vint d'elle-même, résolument, parce que, après s'être rendu compte que nos petits bonheurs humains ne valent pas grand'chose et ne pèsent pas bien lourd, elle estima qu'il était sage d'aller au ciel par les voies les plus sûres?

N'a-t-elle pas avoué que la perte de son indépendance l'impressionna plus que les austérités du régime monastique, et que rien ne lui coûta autant que le sacrifice des affections de la famille? (1)

Et peut-être bien que si elle avait vécu de notre temps, au lieu d'aller au Carmel, Thérèse d'Avila, avec sa nature ardente et virile, se serait faite Petite-Sœur ou Fille de la Charité.

Sœur Lucie s'est peinte au naturel, dans cet

(1) Cf. *Vie de sainte Thérèse écrite par elle-même,* ch. i, ii et iii.

acte de donation qui ne déparerait point un chapitre de la vie des saints.

Ce ne sont pas des mots que l'émotion met au bout de sa plume; c'est l'exposé très clair et très sobre, sans phrases, des solutions qu'elle a mûries pendant sa retraite.

En même temps qu'elle les formule et qu'elle les justifie, elle en mesure le prix; elle refait le compte de ses sacrifices, sans que la générosité qu'elle y apporte l'incite à réclamer une compensation pour elle-même : « A moi, ne rendez rien ; pas même des compensations dans la prière. Mais que tous ceux que j'aime soient bénis ! »

Et, au bas de cette page, comme si elle en résumait toute la substance, on retrouve cette pensée de la brièveté de la vie, qui se présente toujours à son esprit lorsqu'elle regarde l'avenir : « La vie est courte, je veux aller au ciel par les chemins les plus directs ! »

Il ne lui restait, jour pour jour, que vingt mois à vivre.

Rien n'indique qu'elle ait eu le moindre pressentiment de cette mort prochaine. Sa robuste santé l'autorisait plutôt à escompter de longues années d'apostolat.

Mais la Providence conduit ses élus par la main, et son action est si délicate, elle les incline si doucement à prendre la voie où son amour les pousse, qu'ils ont l'impression de l'avoir choisie d'eux-mêmes.

Quand Sœur Lucie avait écrit : « Je serai Sœur de Charité, » elle n'avait eu en vue que la vie active au service des pauvres.

Elle ne se sentait point faite pour le cloître ; et, si l'enseignement l'avait tentée, il est vraisemblable que l'affection et la reconnaissance l'eussent ramenée tout droit à son cher couvent de l'Assomption. Il fallait, à son ardeur et à son zèle, plus de mouvement et plus d'espace.

Or, en 1895, le cyclone qui a ravagé la France monastique n'avait pas encore détruit, jusque dans les mains des Filles de Saint-Vincent de Paul, nos œuvres d'enseignement chrétien ; et, lorsqu'on entrait au Séminaire de la rue du Bac, avec l'attrait des malades au cœur, on risquait fort de trouver à la porte, en sortant, non pas la salle d'hôpital, mais une salle d'école ou une salle d'asile.

Aussi, dès qu'elle connut les Petites-Sœurs de l'Assomption, vouées exclusivement au soin des malades pauvres, à domicile, dès qu'elle fut renseignée sur l'esprit et la règle de cette Congrégation, vieille à peine de trente ans, dont l'expansion rapide attestait les bénédictions du ciel, Sœur Lucie n'hésita point : c'est là, sous l'habit et sous le nom des Petites-Sœurs de l'Assomption, qu'elle donnerait sa vie aux pauvres.

Au sortir de sa retraite, les difficultés l'attendaient.

Il fallait parler; il fallait agir.

L'affaire la plus urgente, c'était cette question de mariage; et le délai qu'on lui avait accordé ne rendait que plus délicate sa réponse négative.

Mais la Providence intervint visiblement, là encore. Ce qu'elle prenait d'une main, elle le rendit de l'autre: six mois plus tard, Sœur Lucie eut la joie de voir offrir, à sa sœur Marie, la part de bonheur qu'elle avait généreusement sacrifiée à sa vocation.

Dans le petit cercle intime de la famille, à Reims, la grave confidence fut accueillie, non sans surprise, mais avec un grand esprit de foi.

Deux lignes de Sœur Lucie, à la *Louisiane*, traduisent ainsi cette impression :

« Si tu avais vu le pauvre oncle Henri, qui rentrait de voyage, mercredi, tout heureux de me retrouver le soir et s'attendant si peu à ce que j'allais lui dire! Il pleurait à chaudes larmes. Mais, lui aussi, comme tous ici, malgré son chagrin, ne dirait pas un *Ave Maria* pour que je reste. Ils savent bien que c'est la volonté de Dieu. »

Elle ajoute, à l'adresse de ses frères :

« Je pleure en vous écrivant; car vous ne saurez jamais combien je vous aime tous et ce qu'il m'en coûte de quitter la famille. Je ne regrette ni le bien-être ni le bonheur que j'aurais trouvés dans le mariage : mon sacrifice, c'est la séparation.....

» Je vous appartiendrai bien plus que si j'étais mariée. Je serai toujours votre petite sœur, que n'absorbera ni l'amour du mari ni l'amour des enfants. De mon amour pour Dieu, vous ne pouvez être jaloux. Il ne vous enlève rien et il rendra plus efficace mon affection pour chacun de vous. »

Mais son père !

Il était alors en traitement à Dax, avec sa fille Marie, impatient de nouvelles, dans l'attente de ce mariage qui comblait tous ses vœux.

Comment, du haut de ce rêve où sa tendresse paternelle se complaisait, le faire descendre brusquement dans la douleur et dans les larmes ?

Sœur Lucie, dans son cœur aimant, mesurait le coup que cette révélation allait lui porter. Elle le redoutait.

Elle résolut de ne lui rien dire tant qu'il serait à Dax, de peur que la secousse n'aggravât son état, mais d'attendre qu'il fût à Lourdes, où il devait aller à la fin de sa saison.

« J'ai la conviction, disait-elle, que là-bas, à la Grotte, l'épreuve lui sera moins dure. Marie s'arrangera pour lui remettre ma lettre après une bonne journée de repos, lorsqu'il aura communié, et la Sainte Vierge le soutiendra. »

C'est donc à Lourdes, le 22 juin, qu'il apprit la détermination de sa fille.

« Père chéri, je pleure en songeant à votre chagrin quand vous lirez cette lettre. J'aurais dû, peut-être, vous laisser rentrer à la *Louisiane* avant de rien dire ; mais je me suis sentie pressée de vous faire cette confidence pendant votre séjour à Lourdes.

» Père chéri, c'est la Sainte Vierge qui vous donnera le courage de faire un grand sacrifice, le sacrifice de votre Lucie, car je me donne à Dieu, dans la vie religieuse !

» Tout me plaisait dans ce projet de mariage, tout était réuni pour me séduire. Je n'ai pas agi à la légère. Je n'ai pas refusé d'examiner. J'ai beaucoup réfléchi et beaucoup prié. Pendant ma retraite, l'appel de Dieu, que j'entends depuis trois ans, s'est nettement affirmé, et je n'ai plus aucun doute sur ma vocation.

» Vous auriez dû, cher papa, être informé, avant tous les autres, de ma décision : le souci de votre santé m'a fait tarder jusqu'à présent.

» Je compte maintenant sur la Sainte Vierge. que nous avons si bien priée ensemble, à Lourdes, l'an passé. Vous irez pleurer à la Grotte. Vous y déposerez votre chagrin.

» Rappelez-vous qu'il y a vingt ans la Sainte Vierge m'a sauvée, alors que j'allais mourir.

L'enfant qu'elle vous a rendue, elle vous la redemande aujourd'hui. Mais le sacrifice est bien moins douloureux, car vous ne perdez pas votre Lucie, en la donnant à Dieu.

» Je n'oublie pas ma chère petite Marie, qui va vous consoler, comme je voudrais tant le faire moi-même! Mais, père chéri, je n'aurai la paix qu'en apprenant de vous que vous offrez au bon Dieu, non encore avec joie, du moins avec générosité, votre fille qui vous aime plus tendrement que jamais. »

L'âme du père était à la hauteur de l'âme de sa fille.

Il donne du même coup, dans sa réponse, la mesure de sa douleur et la mesure de sa foi.

« Chère enfant, j'ai offert à Dieu toute ma peine, que je n'entreprends pas de t'exprimer. Je n'y vois plus, en t'écrivant, tant je pleure, et je ne sais que te dire, sinon que je t'aime et te bénis. Mon pauvre cœur, si meurtri déjà, s'ouvre tout grand pour y enfermer ma Lucette.

» Dieu est bon, il aura pitié de moi.

» Tu ne pouvais mieux faire que de m'écrire ici. Ma petite Marie te dira, que, si je souffre cruellement, je porte chrétiennement ma douleur.

» Que mes souffrances retombent en bénédictions sur vous tous, chers enfants !

» Pour moi, je ne demande ma guérison à la

Sainte Vierge qu'autant qu'elle peut avoir d'utilité pour vous, en me laissant la douleur dans la limite de mes forces. C'est cette grâce que j'emporte.

» La Sainte Vierge m'obtiendra la résignation ! » (1)

Cette lettre, d'une simplicité émouvante, révèle un grand chrétien. Elle ferait pendant à celle que Louis Veuillot écrivit à sa fille Luce, lorsqu'elle prit le voile à la Visitation. Elle rend le même son. Elle dit, sur le même ton, le *fiat* héroïque de la tendresse paternelle.

« Rien ne m'a fait plus de peine et plus de joie que ta résolution..... La joie est dans mon âme et ne peut entrer dans mon cœur. La peine est dans mon cœur et ne peut troubler mon âme. Ces deux sentiments se confondent, et chacun reste entier et distinct, et il me semble que je ne saurai et ne voudrai jamais perdre ni l'un ni l'autre. En vérité, mon enfant, j'ignorais à quel point tu m'es chère. Je suis content et désolé de ce que tu me fais donner au bon Dieu. »

De sentir que son père avait été généreux comme elle, qu'il acquiesçait à son sacrifice, qu'elle ne s'arrachait pas de ses bras, violemment

(1) Lettre du 25 juin 1895.

et malgré lui, qu'il faisait avec elle l'oblation,
qu'il la donnait à Dieu, ce fut, pour Sœur Lucie,
un bonheur intense.

Elle eût été bien surprise, si quelqu'un lui
avait dit :

« Prépare ton cœur, enfant, tu vas souffrir
comme tu n'as pas souffert encore! »

# CHAPITRE III

## LES ÉPREUVES

Au moment où, déjà en vue du port et sortie des passes difficiles, la petite barque de Sœur Lucie voguait en pleine eau, elle fut mise en péril par une tempête imprévue.

On aurait dit qu'après avoir tenté jadis, par une tactique sournoise, d'étouffer cette vocation dans son germe, l'Esprit du mal était revenu brusquement, pour y faire obstacle et lui barrer la route ; car c'est une belle victoire pour l'enfer que de décourager une âme d'apôtre.

M. D.-M... était rentré à la *Louisiane*, depuis quelques semaines déjà, lorsque, aux premiers jours d'août, Lucie y revint, avec sa sœur Jeanne, pour le temps des vacances. Et il était convenu qu'au mois d'octobre, après un court séjour en Champagne, elle entrerait au couvent.

Pendant ce mois de tristesse, sans se rendre compte, peut-être, du mal que peuvent faire des propos inconsidérés, le semeur d'ivraie, de l'Évangile, qu'on se refuse à croire aussi mal-intentionné que celui de la parabole, passa à la *Louisiane*.

Il y trouva, non certes dans la famille, mais à côté, des oreilles trop complaisantes; et la belle résignation de M. D.-M... fut aux prises avec la contradiction.

On ne le fit pas revenir sur son consentement; mais on exaspéra son chagrin, par une compatissance verbeuse et banale qui lui en détaillait l'amertume.

On l'accabla d'insinuations maladroites, sur la vocation de sa fille.

Il laissait dire et se taisait.

Mais, à force d'entendre répéter qu'elle avait subi une influence, qu'elle n'avait jamais songé qu'à elle, qu'elle faisait bon marché de son père malade, qu'elle en prenait à son aise en laissant les autres dans l'embarras, que c'était un coup de tête, une illusion, de l'exaltation, une folie : l'obsession s'imposa. Le doute s'accrocha à sa pensée, et l'anxiété entra dans sa douleur.

Au lieu de l'aider à monter, on le força à se replier sur lui-même. Au lieu de les panser, on appuya sur ses plaies.

On déflora son *fiat* de Lourdes, en énervant sa sensibilité; et, si sa foi de chrétien n'a pas fléchi dans son âme, elle n'eut plus la force de contenir les protestations de son cœur.

Il ne recula pas devant le sacrifice, mais il en souffrit davantage.

Sœur Lucie, qui aurait voulu être à la *Louisiane* avant tous les autres et ne laisser à personne le soin de consoler son père, Sœur Lucie, qui avait dû, malgré elle, retarder son retour et qui était partie de Reims joyeuse, impatiente d'arriver, fut consternée de ne pas sentir, à la première étreinte, tout l'élan qu'elle attendait, mais une réserve, qui réveilla tout à coup ses angoisses. Et, le lendemain, elle ne parvint pas à causer à son père; et, le surlendemain, il se déroba encore, et elle eut la perception nette que c'était une attitude, un parti pris.

Alors son pauvre cœur éclata :

« Je n'en puis plus! C'est une agonie! »

On suit, dans ses lettres, les étapes de cette épreuve qui dura deux mois.

Le 2 août, elle écrit :

« Papa attendait la voiture, debout avec ses béquilles, devant la porte. J'ai sauté en bas et j'ai été la première à l'embrasser. Il m'a serrée dans ses bras, avec des larmes dans les yeux. Mais, tout de suite, Jeanne et les enfants sont venus; et, après, il ne me cherchait plus!.....

» Toute la journée, il a évité de me regarder et de me parler. Par moments, il était gai avec les autres, puis, subitement, lorsqu'il m'apercevait, sa tristesse le reprenait.....

» Ce que j'ai souffert, ce jour-là, Dieu seul le sait! Tout à l'heure encore, à la prière du soir en commun, j'étais près de lui : les paroles s'étranglaient dans ma gorge. »

Le 6 août : « L'âme est debout, vaillante; mais le cœur est brisé. Papa, le croiriez-vous, ne m'a pas encore dit un mot! »

Le 9 : « Pendant que les autres étaient à la plage, je suis entrée dans la chambre de papa. Je l'ai embrassé, puis je me suis mise à lui parler. Il ne m'a pas repoussée. Il pleurait aussi. Il m'a dit : « J'ai fait mon sacrifice, mais » cela n'empêche pas mon chagrin. Je ne veux pas » être consolé..... » Ce que j'ai souffert est affreux. J'étais épuisée! »

Le 13 : « Mon cœur est vraiment broyé : moi, passer pour une ingrate!..... Et ils osent le dire à mon pauvre père! Et je n'ai pas même la consolation de lui témoigner ma tendresse! »

Le 18 : « A toutes ces tristesses, vient s'ajouter, depuis deux jours, une angoisse que je ne définis pas. Un voile noir me couvre l'avenir. J'ai, par moments, un sentiment d'abandon affreux. Je n'y vois plus rien.

» Ces derniers mois, ces derniers jours, on me les aura rendus si durs! »

Le 28 : « Je souffre, mais ne me décourage pas. Le nuage de la semaine dernière est dissipé. J'accepte tout ce qui arrive.....

» J'ai pu encore causer un peu avec mon père. Tout ce qu'il y avait dans mon cœur, je le lui ai dit. Il m'a écoutée. Il a compris. Mais il ne se détend pas. »

On n'abandonnait pas la vaillante enfant dans ses tribulations. Chacun de ses appels avait son écho.

« N'oubliez pas que c'est avec la croix que Notre-Seigneur vous invite à le suivre. La vie religieuse, certes, a ses compensations et ses joies, même en ce monde; mais vous êtes à la période la plus ingrate : vous vous dépouillez, sans que rien vous soit rendu.

» Nous avons ici un vénérable et saint religieux, d'une expérience consommée dans la direction des communautés. Le Pape vient de lui confier une mission extrêmement délicate, dans cet ordre d'idées.

» Je lui ai soumis vos lettres et vos deux élections. Je lui ai tout dit.

» Il a mûrement étudié votre dossier, et voici sa réponse : « Cette âme est généreuse, elle » a besoin d'aimer et de se dévouer dans un » sens apostolique. Sa vocation est pure et » loyale. La Congrégation qu'elle choisit répond » bien à ses aptitudes. Dieu la bénira. »

» Que cette parole autorisée vous encourage et vous console. » (1)

(1) Réponse du 11 août.

— « Je veux espérer que vous avez pu enfin donner un peu d'affection à votre père, pour décharger votre pauvre cœur. Mais, si cela n'était pas, s'il vous fallait encore étouffer, du matin au soir, sous les banalités de la vie, des larmes qui ne peuvent couler que la nuit, je vous rappellerais que la vie religieuse est faite tout d'abord de renoncement aux joies de ce monde et de l'immolation de la nature.

» La vôtre est ardente, d'une expansion libre et spontanée : il faudra la plier à une discipline souvent austère. Votre cœur est excellent, prêt à tous les dévouements, mais sensible, au point de jouir des sacrifices qui répondent à ses affections : il faudra donner autant, mais avec une impulsion autre que l'affection et sans la moindre compensation naturelle.

» Pourquoi cet apprentissage de la vie d'abnégation ne commencerait-il pas un peu à la *Louisiane*, puisque votre résolution est arrêtée et que vous avez hâte de répondre à votre vocation?

» Dans la voie où vous entrez, c'est la générosité qui fait loi; c'est l'abnégation joyeuse et sans calcul qui mène à la perfection. Notre-Seigneur se donne dans la proportion où l'on se détache de soi, où l'on se dépouille de tout ce qui n'est pas lui.

» Prenez donc ainsi cette épreuve qui déchire

votre cœur. Pleurez, mais que vos larmes ne soient pas trop amères, puisqu'elles sont utiles.

» Que je voudrais pouvoir mettre sous vos yeux le beau livre de Blanc de Saint-Bonnet, sur la Douleur, que je relis à votre intention : « La douleur n'est qu'un instrument. Il y a,
» derrière, quelqu'un qui voit clair.

» La douleur achève ce qu'avait commencé
» l'amour, ce qu'il n'aurait pu achever sans elle.

» Les justes souffrent pour devenir plus
» justes. Ils sont éprouvés pour devenir meil-
» leurs.

» On s'attarde dans le bonheur; on s'y
» oublie. La vie est une ascension, le bonheur
» un arrêt. Il faut bien que, de force, Dieu nous
» pousse en avant.

» La vie est graduée pour le mérite, comme le
» purgatoire pour la purification, et le ciel pour
» la gloire. Le travail de Dieu consiste à sou-
» lever chacun de nous pour l'élever, du degré
» où il est, au degré supérieur, et son levier,
» c'est la douleur.

» Dans les âmes qu'il veut rendre parfaites,
» il faut que la douleur ait passé partout.

» L'âme qui a connu le plus d'amertume,
» n'est-ce pas celle que Dieu n'a pas quittée
» d'un instant! » (1)

(1) Réponse du 15 août.

— « Acceptez tout avec foi, de la main de Dieu, quoi que ce soit, et d'où que ça vienne.

» Il y a là-bas, rue Violet, des Petites-Sœurs qui vous appellent et à qui la vocation a coûté, comme à vous, tout le sang de leur âme. Peut-être n'aviez-vous jamais bien saisi tout ce qu'il pouvait y avoir de poignant dans cette parole de Notre-Seigneur, qui a passé plus d'une fois sous vos yeux : « Je suis venu séparer la mère » d'avec la fille, le fils d'avec son père. » Elle vous a paru viser des temps héroïques qui ne reviendraient plus : ils reviennent plus souvent que vous ne le pensiez.

» Il y avait, dans la façon de vous séparer de la famille, un trésor de souffrances et de mérites dont le bon Dieu n'a pas voulu vous priver. C'est une torture, au point de vue humain; vous avez dit, l'autre jour, une agonie. Mais, enfant, rien n'est plus près du ciel que le Calvaire; et ceux que Notre-Seigneur a gardés auprès de lui, au Calvaire, c'étaient ceux à qui il réservait, là-haut, plus d'amour et plus de gloire : Marie, sa Mère, puis Jean et Magdeleine. » (1)

— « Revenez sans cesse, chaque matin, dans votre méditation, à la conception surnaturelle de la souffrance.

» L'Évangile n'est vraiment rassurant, con-

_______

(1) Réponse du 21 août.

solant surtout, que pour ceux qui pâtissent et qui pleurent. Car la Rédemption s'est faite par la croix, et il est toujours bon de toucher à la croix. La nature appréhende, et, de nous-mêmes, nous n'osons pas.

» Disons au moins *fiat* quand il nous arrive, sans l'avoir cherché, comme au Cyrénéen, d'être contraints à faire quelques pas, à la suite de Jésus, sur la Voie douloureuse.

» C'est un minimum. La vraie vertu pousse les âmes viriles jusqu'au Calvaire. » (1)

Il eût mieux valu, peut-être, ne pas insister autant sur cette correspondance intime. On a cru devoir en faire état, pour le profit d'abord de ceux qui passeront par les mêmes chemins, et, surtout, à cause de la lumière qu'elle projette sur la physionomie morale de Sœur Lucie.

Elle ne demandait pas que l'on s'apitoyât sur son sort. Elle ne cherchait pas la compassion sentimentale, mais un conseil qui rassure sa conscience, une parole de foi qui la soutienne dans sa détresse; et, plus la pensée était virile, plus elle avait de mordant sur son âme.

L'*Imitation* était son livre préféré; il ne quittait pas son prie-Dieu, à la chapelle de la villa, son refuge aux heures de lassitude. Elle

_________

(1) Réponse du 31 août.

aimait cette spiritualité concise, austère et forte. Les pages cornées marquaient toutes un chapitre où il est question de la croix, de l'énergie, de l'abnégation ou de l'oubli de soi-même.

« Je ne passe pas un jour sans relire un de ces chapitres, écrit-elle. C'est là que je puise la paix qui ne m'a pas quittée, malgré mes souffrances. »

Elle dira plus tard : « Aucun livre ne m'a plus servi que celui-là. »

Elle seule pourrait dire aussi l'appui qu'elle trouva dans les lettres de sa tante et dans l'affection de ses sœurs.

L'espoir d'obtenir une détente et de dissiper des malentendus détermina son directeur à faire une visite à la *Louisiane*. Sa présence ne fit que renforcer les partis pris irréductibles de ceux qui ne voulaient voir, dans cette vocation, qu'une exaltation de la tête ou du cœur. Et Sœur Lucie n'en fut un instant réconfortée que pour en souffrir davantage ensuite.

Le cardinal Langénieux, qui portait à toute la famille une paternelle sympathie, lui envoya un mot d'encouragement. « Je prie avec vous, chère enfant, pour votre digne père. Lui faire tant de peine est, bien sûr, de tous vos sacrifices, le plus douloureux. Dieu aura pitié de vos larmes. Et la grâce changera en joie cette affliction. »

Mais, chez elle, la tristesse n'était pas l'abattement. Elle savait mener de front tous ses devoirs. L'angoisse qui étreignait son cœur n'entravait pas l'activité de sa vie extérieure. Elle se mêlait, comme autrefois, au mouvement de la maison. Elle en était l'âme, au point que la plupart de ceux qui ont côtoyé ce drame intime ne l'ont pas soupçonné.

On la vit reprendre ses pinceaux, pour décorer un service de table que son père avait désiré lui voir achever avant de partir. Elle y travailla jusqu'au dernier jour :

« De 2 heures à 5 heures, j'ai fait trois soucoupes. Je n'ai plus que six tasses. » (1)

Elle se mettait au piano, le soir, sans se faire prier, pour égayer les réunions de famille.

Elle ne recula point devant quelques escapades. Elle apprit à monter à bicyclette — ce fut vite fait, d'ailleurs, — à la veille d'entrer au couvent :

« Que dirait-on, rue Violet, si on voyait Sœur Lucie filer comme un météore,.... sur une bicyclette? C'est pourtant vrai! Marie s'y était mise. Je n'ai voulu paraître ni plus maladroite ni plus prude que Marie, et j'ai hardiment enfourché la machine de Charles. » (2)

Elle fit mieux que tout cela.

(1) Lettre à sa tante.
(2) Lettre à sa tante.

Une roulotte de saltimbanques, Guignol ambulant, stationna quelque temps dans le pays. Pendant que les autres s'amusaient aux farces de la baraque, Sœur Lucie avisa une grande fillette, intelligente et délurée, qui avait couru toute la France, sans prendre le temps de dire un mot à l'Église, pas même pour lui demander le baptême.

Elle l'initia à la vie chrétienne. Elle mit de la lumière dans son esprit, de la piété dans son cœur. Elle l'habilla avec les ressources de sa garde-robe; et sa bonté persuasive finit par ramener au bon Dieu toute la roulotte, d'un coup.

« Le baptême et la Première Communion de la petite Guignol ont été deux touchantes cérémonies. L'oncle et la tante de l'orpheline se sont unis à elle, et tous ces braves gens ont communié ensemble. Tous leurs papiers ont été brûlés dans un incendie; j'ai dû écrire au pays pour leur procurer un certificat de mariage. » (1)

Une autre fois, elle s'attarda au chevet d'une vieille infirme qui était en train de mourir, râlant et bavant, le front en sueur. La prière aux lèvres, la Petite-Sœur, la nôtre, Sœur Lucie, s'ingéniait pour adoucir cette agonie lamentable. Penchée sur la moribonde, elle essayait

_____________

(1) Lettre à sa tante.

de la faire boire; puis, se croyant seule, brusquement elle se pencha davantage et l'embrassa.

Elle ne se douta jamais qu'on l'avait aperçue.

Cependant, le temps passait, et la situation se compliquait.

Une nouvelle crise de goutte aggrava l'état de M. D.-M... Ses filles se relayaient pour passer les nuits.

Lucie redoubla d'attentions et de soins. Elle poussa son dévouement jusqu'à la limite extrême de ses forces, pour soulager son cœur avide d'accumuler, en ces dernières semaines, un maximum de tendresse, qui compenserait ce qu'elle ne pourrait plus donner plus tard.

Des amis malavisés profitèrent de cette recrudescence de la maladie pour conseiller à M. D.-M... d'imposer à sa fille une épreuve d'un an.

Sœur Lucie, avertie, entra en coup de vent dans la chambre, et là, devant eux, d'une voix très ferme, elle dit à son père :

« Pourquoi vient-on ainsi s'interposer entre vous et moi ? La question de mon départ ne regarde que vous. Je suis prête à me soumettre à votre volonté, *mais à la vôtre seule.* Si vous croyez, dans votre conscience, devoir m'éprouver encore, j'accepte l'épreuve; mais rien ne m'ébranlera, car vous savez bien que je n'ai pas pris ma décision à la légère. Je tiens par-dessus tout à votre approbation. Quant à l'appréciation des étrangers, elle m'est indifférente. »

M. D.-M..., avec beaucoup de calme, déclara qu'il n'entraverait pas la vocation de sa fille et qu'il savait ce qu'il avait à faire.

« Plus le dénouement approche, écrit Sœur Lucie, plus je souffre. Encore huit jours! Ils compteront double pour la souffrance.

» On a dû vous dire que papa a une nouvelle crise. Il ne sera pas remis dimanche, lorsque je partirai. Et ce sera mon devoir de l'abandonner malade, après l'avoir rendu malade ! Et puis, j'avais tant espéré que l'affection, chez lui, aurait fini par l'emporter sur le chagrin !

» Comme il faut que je vous aime, ô mon Dieu, pour accepter, pour chercher de pareils sacrifices !

» Autour de moi, on se méprend sur mes sen-timents. Ma conduite est une énigme. On ne comprend pas que je ne sacrifie point ma voca-tion !

» Ils n'ont pas vu ma douleur, ceux-là. Ils n'ont pas assisté à ces déchirements qui mettent mon cœur en lambeaux quand, seule, je puis me détendre et n'avoir que Dieu pour témoin!

» J'ai quelquefois, et pas plus tard qu'hier soir, des bouffées de révolte, lorsque j'entends des gens, qui auraient pu m'aider, parler, à tort et à travers, de choses aussi graves et aussi délicates.

» Ce matin, j'ai ouvert mon Imitation sur ce chapitre : *Il ne faut pas que notre paix dépende des hommes.* Cela m'a rendue plus calme. » (1)

— « Oui, enfant, l'heure approche et vous souffrez davantage. Vous sentez bien que le vrai déchirement sera là, à la dernière minute, quand il faudra vous arracher des bras de votre pauvre père et partir pour toujours !

» Qu'ils valent cher, ces sacrifices-là ; et, comme il faut que Celui qui vous les demande ait de l'empire sur votre cœur pour les obtenir !

» Allez, allez, c'est votre Gethsémani ! Allez, avec les larmes de vos yeux et les révoltes de votre nature ! Allez, avec votre seule foi : c'est cela même que vous avez accepté quand vous avez écrit : « Je serai à Dieu pour l'aimer plus » que les autres ; pour qu'il ait en mon cœur » une hostie agréable qui répare tant d'outrages » et tant de blasphèmes. Je serai à Dieu pour » souffrir, pour me dévouer, pour être apôtre ! » Allez ! Communiez ce jour-là ; et quand bien même Notre-Seigneur compterait assez sur votre générosité pour se taire encore et vous laisser froide, quand bien même vous ne sentiriez pas

(1) Lettre du 17 septembre 1895.

sa présence, il sera avec vous : la preuve, c'est que vous serez forte, malgré le brisement de votre cœur.

» Mais cette épreuve ne peut pas se prolonger indéfiniment. Ces sacrifices-là sont trop déchirants pour qu'on les détaille ainsi, par petits morceaux.

» Vous avez voulu attendre, dans l'espoir d'étouffer peu à peu, sous l'affectueux dévouement de ces derniers mois, le chagrin de votre père. Cette consolation ne vous a point été donnée. Vous sentez, tous les jours, plus impuissante votre tendresse, plus profond son abattement. Votre cœur n'est pas de bronze. N'allez pas plus loin que vos forces; car le découragement suivrait la fatigue, et le démon vous attendrait dans le découragement.

» Laissez donc prévaloir les raisons qui motivent votre retour avec Jeanne.

» Pour lui et pour vous, ce sera le mieux.

» Que Dieu le soutienne, que sa foi le console, et qu'il arrive à goûter au fond de son âme, malgré le désespoir du père, la joie austère du chrétien. » (1)

Il y a des mots vides, qui ne disent rien et ne pèsent pas lourd. Il en est d'autres dont on

_______

(1) Réponse du 20 septembre 1895.

ne soupçonne le poids que le jour où l'âme, accablée, défaille sous la charge.

Il faut avoir vécu ces heures tragiques, pour comprendre et sentir la somme de souffrance et d'héroïsme que Dieu a voulu condenser dans cette parole de l'Évangile : « Qui aime son père ou sa mère plus que moi n'est pas digne de moi. » Et le monde, qui ne sait pas lire au fond d'une âme, le monde, qui ne voit que le fait brutal, traite souvent d'ingrats les cœurs les plus aimants, qui sont martyrs, à la fois, de la piété filiale et de l'amour de Dieu : cette injure ne fut pas épargnée à Sœur Lucie.

A la voir cheminer dans cette voie douloureuse, comment ne pas penser encore à sainte Thérèse?

Elle aussi, très jeune, avait perdu sa mère, et elle eut à lutter contre son père, qui l'adorait et qui ne pouvait se résoudre à lui donner son consentement.

« Je croy pouvoir dire avec vérité que j'aurais été prête à rendre l'esprit, que je n'aurais pas souffert davantage que je fis, au sortir de la maison de mon père. Dieu me donna du courage, et je passai oultre! » (1)

En somme, ces manœuvres, ces tentatives

_______

(1) Cf. Sa vie par elle-même, ch. II.

d'obstruction n'aboutissaient à rien, qu'à rendre la douleur plus cuisante et les larmes plus amères : ni la foi de son père ni le courage de Sœur Lucie n'avaient été ébranlés.

Un suprême assaut fut tenté. On changea de tactique : cette fermeté, que n'entamait point la persuasion, céderait, du moins, à la force brutale des choses?

Il y avait, à la *Louisiane,* une personne de confiance dont le savoir-faire et les bons soins rassuraient les trois sœurs, lorsqu'elles songeaient au jour prochain où la destinée les éloignerait du foyer paternel. Elles se reposaient sur elle avec une sécurité absolue, car son dévouement datait de loin. Il était sans réserve, non pourtant sans défaut : genre de dévouement assez fréquent, d'autant plus sans façon qu'il est plus désintéressé. Il est aveugle et ne calcule pas sa peine : c'est son mérite. Il est sourd et ne veut rien entendre : c'est sa tare.

Un soir donc, avec la ténacité de ceux qui croient bien faire, elle déclara que si l'on escomptait sa présence à la maison pour rassurer la conscience de Lucie, elle s'en irait, et qu'on verrait bien alors si Lucie oserait abandonner son père infirme.

« J'ai pleuré toute la nuit, écrit Sœur Lucie. Ma pauvre tête est vide. La coupe déborde. Il est temps que la fin arrive!..... J'ai envisagé tout de suite la possibilité de ce départ; et, si le bon Dieu permet qu'il en soit ainsi, je suis prête! Je resterai ici pour soigner mon père! Mais on ne pouvait me demander un plus grand sacrifice. Après que j'ai renoncé aux joies de la famille, me faire renoncer encore aux consolations de la vie religieuse!..... Ce serait mon devoir! Je l'accepterais, ô mon Dieu, pour l'amour de vous et pour l'amour de mon père! » (1)

« Rien ne vous sera donc épargné! Vous aurez souffert bien plus encore que nous ne l'avions prévu.

» Je ne sais ce que la Providence vous réserve ni ce qu'elle attend de votre vie religieuse; mais les fondations se creusent trop profondément, et votre vocation a été en butte à des contradictions trop douloureuses pour que votre avenir ne soit pas fécond. C'est le *Seminatur in lacrymis*; et, cette accumulation d'épreuves, c'est de l'espérance pour plus tard.

» Quand Dieu a des prédilections pour une âme, il brise, sans faux ménagements, tout ce qui la rattache à la terre.

» Nous appelons cela sacrifice, parce que nous sentons la souffrance, sans voir où elle nous mène. Mais Dieu, aux yeux de qui la raison d'être de l'épreuve n'est pas la douleur, mais le

(1) Lettre du 2 octobre 1895.

bien qu'elle procure, Dieu, en définitive, nous éprouve dans la mesure où il nous aime, parce qu'il n'a en vue, dans le sacrifice, que l'aptitude qu'il crée et le titre qu'il donne à jouir davantage, au ciel, de la béatitude éternelle.

» C'est pour cela que la part de choix se confond si souvent, en ce monde, avec la croix; et la croix, c'est tout ce qui fait souffrir. » (1)

Sa tante, de son côté, la rassure :

« Crois-moi, tu n'auras pas à faire le sacrifice que tu appréhendes. Il te restera le mérite de l'avoir accepté à l'avance. Oui, le bon Dieu creuse; mais quand les fondations sont aussi profondes, n'est-ce pas l'indice que l'édifice doit monter plus haut? Ta vie religieuse ne sera pas bâtie sur le sable, mais sur le roc de la souffrance et de l'abandon.

» La Providence m'a mis, ce matin, sous les yeux cette pensée, à ton intention, sans doute : « Dieu se fait le complice des âmes généreuses. » Il émonde à plaisir ces ceps de choix dont il » attend les plus belles grappes. Il enfonce en » terre, pour qu'ils meurent, ces grains de » froment qui doivent donner la plus riche » moisson. Notre-Seigneur est vraiment pour » elles « un Époux de sang ». (2)

_________

(1) Réponse du 4 octobre 1895.
(2) Lettre du 4 octobre 1895.

Les menaces, en effet, n'eurent pas de suite.

S'il entrait dans les desseins de Dieu d'épurer cette vocation dans la souffrance, il ne permit pas qu'elle en fût compromise. La tempête ne fit point chavirer la petite barque.

Le ciel se rasséréna.

M. D.-M..., libéré de sa crise, céda aux instances de sa fille. Il l'accompagna en Champagne; et, comme si ces deux mois passés n'avaient été qu'un long cauchemar, à Reims il retrouva, peu à peu, sa belle résignation de Lourdes.

La joie qu'en ressentit Sœur Lucie l'aida à supporter, sans trop de fatigues, l'émotion des adieux.

Son entrée au couvent était fixée au 28 octobre 1895.

Le 27, sur son désir, une messe tout intime réunit la famille dans la chapelle de l'Assomption, où elle laissait tant et de si doux souvenirs, la chapelle de sa Première Communion, où, enfant, elle s'était offerte à Dieu, « même pour la vie religieuse », la chapelle de sa retraite, où, cinq mois auparavant, l'appel d'En Haut s'était fait entendre si clairement que, dans un élan d'amour, ce oui, qui prenait son être et sa vie, avait jailli tout brûlant de son âme.

A l'heure de l'échéance douloureuse, elle y revenait pour obtenir, après les grâces de lumière, la grâce d'énergie.

Elle partit le lendemain, simple et forte comme toujours.

On sentait seulement, à la pâleur de son visage, à l'émotion qui tremblait dans sa voix, aux grosses larmes qui tombaient doucement de ses yeux, que son sourire violentait sa propre souffrance, pour essayer de consoler celle des autres.

« Cette séparation fut terrible, écrit-elle, adoucie pourtant par le courage et la résignation de mon pauvre père. En m'embrassant une dernière fois, il m'a dit : « Je te donne au bon Dieu » volontiers. » Ce mot, il n'avait pu le prononcer encore. »

Sa tante et sa grand'mère l'accompagnèrent; car, malgré son grand âge, la vénérable M^{me} A. de M... avait tenu à remplir sa mission jusqu'au bout. Dans sa foi vive, elle considérait comme un devoir de religion de ne quitter sa petite-fille qu'à la porte du cloître et de s'associer ainsi, plus étroitement, à son oblation.

Elle avait été la providence visible de ces enfants. Elle leur devait les meilleures de ses joies; et, autant sa tendresse sentait le prix du sacrifice, autant sa piété en était fière.

Sœur Lucie avait sonné déjà, au 57 de la rue Violet. Elle y était venue, au mois de juin, pour solliciter son admission et prendre contact avec les Petites-Sœurs.

Elle avait vu la Mère générale et le bon P. Pernet, le fondateur.

Ce n'est pas lui, certes, qui avait raconté le miracle de la fondation. Il était muet sur cette belle histoire des origines, parce que son humilité s'y trouvait mal à l'aise (1).

Mais cette grande Institution, qui rayonne aujourd'hui dans les deux hémisphères, porte, sur son berceau, le cachet des œuvres de Dieu.

Elle est née de rien, en 1864, dans une mansarde, sans bruit, sans ressources, sans appui, sans crédit aucun, du zèle ardent d'un saint prêtre et du dévouement d'une pieuse fille.

Paris, si indiscret, si curieux de tout savoir, prêt toujours à la réclame tapageuse pour la moindre nouveauté, Paris n'y a rien vu, pas plus qu'on ne soupçonne l'obscure germination d'un chêne, sous la feuillée, dans la forêt.

Avec une confiance aveugle en la Providence, le P. Pernet et M<sup>lle</sup> Fage avaient poussé le défi à la sagesse humaine jusqu'à prendre pour base de leur entreprise l'insécurité du lendemain : on soignerait les malades pauvres, *rien que les pauvres, pour rien, toujours pour rien!* Pour vivre, on ferait comme on pourrait, au jour le jour, en mendiant son pain. Ce serait l'affaire du bon Dieu.

______________

(1) Cf. *Vie du P. Pernet.* — *Vie de la Mère Marie de Jésus.*

Et le bon Dieu, qui veille sur les petits oiseaux,
a veillé sur les Pernettes.

Non seulement elles ne sont pas mortes de
faim, mais elles ont grandi si vite, elles ont fait
si bonne besogne, que l'Église a dû leur donner,
avant qu'elles aient l'âge, l'institution canonique (1).

Le P. Pernet n'avait pas dit tout cela. Il n'avait
même pas fait allusion à une prophétie du curé
d'Ars, visant la Congrégation, en 1859, six ans
avant la toute précaire installation des débuts,
rue Saint-Dominique, alors que les fondateurs
ne se connaissaient pas le moins du monde, et
que ni l'un ni l'autre n'avaient songé à l'Œuvre,
même de loin : « Vous serez religieuse, dit-il
à une future Petite-Sœur, mais dans une Congrégation qui n'existe pas encore ! » Le P. Pernet
n'avait pas dit cela ; mais il avait insisté, avec
tout son cœur, sur l'importance des années de
noviciat ; car, sans une solide formation, les
Petites-Sœurs ne pourraient sans danger se
livrer aux hasards de cet apostolat actif, hardi,
délicat, dans les faubourgs les plus mal famés
de nos grandes villes. Il avait expliqué que,
avant de travailler utilement sur les autres, il
fallait travailler sur soi-même, et que, avant de
monter en épi, le grain de blé, que le divin

_______________

(1) Cf. *Vie du P. Pernet,* p. 127.

Semeur jetait aujourd'hui dans le champ des Petites-Sœurs, devrait mourir dans le sillon.

Et Sœur Lucie avait goûté une joie profonde à l'entendre, parce que ses paroles lui renvoyaient un écho limpide de ses pressentiments et de ses plus généreuses aspirations. Elle avait compris mieux encore, ce jour-là, que la fécondité de sa mission serait en raison directe de l'intensité de sa vie religieuse ; qu'elle n'aurait le don de se faire écouter des malheureux, de les relever, de les ramener à Dieu que si elle-même était toute à Dieu ; que sa vocation visait son état d'âme avant de régler son état de vie, et que le moteur caché qui actionne les Ordres actifs est le même qui alimente les Ordres contemplatifs.

Elle avait touché du doigt cette vérité que, même là, dans la fièvre des œuvres, Marie doit avoir la meilleure part et qu'on ne peut la lui enlever ; que, si Marie peut se passer de Marthe dans la solitude du cloître, Marthe a d'autant plus besoin de Marie qu'elle se dépense davantage au dehors ; que l'initiative de Marthe, son savoir-faire, son activité risqueraient de l'entraîner hors du recueillement, dans la dissipation, si Marie n'était là, comme une sœur plus sage et plus avisée, pour lui rappeler qu'il ne faut point oublier Jésus, sous prétexte qu'on s'agiterait pour lui ; que d'être Marie, c'est le but essentiel ; que d'être Marthe, c'est la fonction secondaire, et que, enfin, si Marthe toute seule peut avoir du succès aux yeux du monde, avec Marie seulement elle a du mérite auprès de Dieu.

C'est pour cela, pour sauvegarder et défendre la vie religieuse des Sœurs contre les envahissements du dehors, que le fondateur avait établi, dans sa Congrégation, le régime des Trois Huit : huit heures à Marthe pour se dépenser dans les œuvres ; mais huit heures à Marie pour se reprendre, pour se refaire au pied du tabernacle, dans la vie de communauté ; et huit heures de sommeil.

Le Père parti, on avait parlé longuement de son amour pour les pauvres et de la façon dont il avait organisé la mission. Il avait compris, comme il disait, *le mal de l'ouvrier.*

Le vrai malheur du pauvre, c'est surtout son abandon, son ignorance, la dépravation où il finit par tomber, puisque tout l'y pousse et qu'il n'a rien pour s'en garer. Il souffre, autant que de la faim, d'une indigence d'âme qui accule sa misère au désespoir. Il n'a que ses bras pour vivre et il ne trouve pas toujours à les employer. On le repousse, on le rebute, on le suspecte, on le méprise ; et lui, las de lutter, se décourage ; il s'aigrit, il s'irrite, il jette sa malédiction sur l'homme et son blasphème à Dieu.

Il a une intelligence, il a un cœur, il a une âme ; et, quand une fois il a mangé, on s'imagine qu'il n'a plus besoin de rien !

Il est une chose divine que le Christ a apportée sur la terre : le pauvre la mendie partout, il ne la trouve nulle part. Il obtient quelquefois la pitié ; la bonté, bien rarement.

Et la famille du pauvre ! Et les enfants du pauvre ! Et la maladie, la mort du pauvre, dans cet état de délaissement moral !

Plus encore que de sa misère visible, pitoyable, qui en fait un paria en ce monde, le P. Pernet a été frappé de cette détresse d'âme qui voile, à ce martyr, la porte du ciel.

Il a pensé que l'assistance du pauvre devait aller jusque-là ; qu'il ne suffisait pas de panser ses plaies, de l'attendre dans les hospices, de le visiter en passant, mais qu'il fallait aller à sa rencontre, prendre le temps de gagner sa confiance à force de tendresse et le relever de son abjection en le rapprochant de Dieu.

On avait expliqué à Sœur Lucie le mécanisme de cet apostolat. On disait : *la Petite-Sœur*, pour ne pas dire *Nous*, et pour donner au récit un tour impersonnel.

La Petite-Sœur ne voit, dans la maladie, qu'un prétexte pour entrer ; son but, c'est de restaurer, dans le Christ, la famille ouvrière. Elle ne se contente pas de faire une apparition dans la mansarde, au foyer du pauvre. Elle s'y installe à titre d'infirmière, de servante, de bonne à tout faire, quatre heures le matin, quatre heures encore le soir. Elle retrousse ses manches et met son tablier. Quand le malade est soigné, les enfants lavés, peignés, habillés, elle fait le ménage, la cuisine, tout ce que ferait la mère, et souvent davantage, car il n'est pas rare, quand la Petite-Sœur a passé, que le père, en rentrant du travail, ne reconnaisse plus son misérable logis, d'où étaient bannis, depuis trop longtemps, l'ordre, la paix, la propreté.

A force de patience et d'humilité, à force d'attentions, d'égards et de services, la reconnaissance ouvre le cœur à la confiance; et alors, quand l'heure est venue, au moment propice, un mot du bon Dieu arrive aisément jusqu'à l'âme : conversions, abjurations, mariages réhabilités, Premières Communions tardives, baptêmes d'adultes, voilà les œuvres courantes de la Petite-Sœur.

Elle va dans les milieux où le prêtre ne saurait pénétrer.

Elle aborde, avec son sourire, les irréguliers de la vie, les révoltés, les sectaires, tous ces malheureux dont les rancunes, exaspérées par la misère, deviennent un danger pour la société, et, avec la grâce du bon Dieu, la douceur de l'agneau finit, presque toujours, par avoir raison de la colère des loups.

Puis, elle est tenace, la Petite-Sœur, elle ne lâche point ses conquêtes. Elle groupe dans les Fraternités, qui sont comme des ramifications de l'Institut, les différents membres de la famille ouvrière; et, dans ces grands centres populeux, infestés d'irréligion, mûrs pour l'anarchie, qui n'ont plus de Dieu et ne veulent plus de maître, il se forme, autour de chaque essaim de Petites-Sœurs, une chrétienté modeste qui grandit tous les jours et qui prépare, pour demain, l'élément régénérateur de l'ordre social.

Celle qui parlait ainsi avait, du premier coup, sympathisé avec Sœur Lucie. On sentait qu'elle devait mettre à la mission l'entrain, l'ardeur qu'elle mettait à son récit. Il y avait plus d'un trait commun, entre ces deux natures.

Sœur Lucie ne se lassait pas de l'écouter, de l'interroger, avide de tout savoir. Sa Congrégation lui paraissait plus belle encore qu'elle ne l'avait rêvée.

On a relevé, sur son carnet de poche, cette pensée qui résumait admirablement cet entretien : « L'indifférence est dans les cœurs, et les portes restent closes; mais quand aura passé, comme un rayon du ciel, dans la mansarde du pauvre, l'ange de la charité, calmant la douleur et parlant du bon Dieu, les portes s'ouvriront toutes grandes pour accueillir le Christ Jésus, ami de la Petite-Sœur et père du malheureux. »

Ce rôle de garde-malade ainsi entendu grandissait à ses yeux, dans la proportion même où le souci de l'apostolat le reléguait au second plan. Oui, c'était bien cela : on soignait les misères du corps, pour guérir le mal de l'âme.

Ces Fraternités, qui mettent l'homme d'affaires en face de l'ouvrier, qui réunissent la femme du monde avec la femme de l'ouvrier, avaient une portée que, d'abord, elle n'avait pas soupçonnée. Elle avait bien saisi, tout de suite, l'importance de ces réunions mensuelles, de ces conférences, pour maintenir et prolonger l'œuvre ébauchée à domicile par la garde-malade, mais elle avait été moins frappée de leur répercussion sur l'âme du riche.

Ce rapprochement des classes ne s'était donc pas fait par la seule force des choses ; il était voulu et calculé. Il entrait dans le plan du fondateur que la Petite-Sœur, servante des pauvres, fût aussi l'apôtre des riches.

Au riche, elle refuse impitoyablement ses soins, qui appartiennent aux pauvres. Mais, en allant lui demander son pain pour elle-même, en lui parlant des drames de misère et de larmes dont elle est témoin tous les jours, en portant jusque chez lui la plainte des malheureux, en le contraignant par sa douce et chaude insistance à s'intéresser aux pauvres, en l'attirant surtout à la Fraternité, elle lui rappelle, avec la grande loi de la charité, les lourdes responsabilités de la fortune; elle le ramène ou elle le pousse dans la voie hors de laquelle il ne semble pas, à lire l'Évangile, qu'il y ait chance de salut pour lui.

Et, sitôt que les frères d'en haut se sont inclinés vers les frères d'en bas, au nom du Père qui est au ciel; sitôt qu'ils ont vu de près l'ouvrier et qu'ils lui ont tendu la main; dès qu'ils lui ont fait l'aumône de leur temps, de leur intelligence et de leur cœur, l'égoïsme orgueilleux qui les perd se met à fondre, comme la glace au soleil; et le bien qu'ils font aux autres les rend meilleurs.

Quand une fois le cœur des femmes a goûté l'âpre joie du dévouement, il en devient gourmand; il en veut toujours plus. Les Dames servantes ne se contentent pas de s'occuper chaque mois des Moniques; elles peuvent donner davantage : on les entraîne plus loin. Elles vont à la mission jusqu'au lit des malades, à domicile. Elles prennent le tablier et se font, tout comme les Sœurs, les domestiques du pauvre.

Y a-t-il quelque part, dans un galetas plus misérable, une tâche plus répugnante, elles luttent souvent de vitesse avec la Petite-Sœur, pour la lui disputer.

— Ne croyez-vous pas, Mademoiselle, que celles qui se livrent avec une pareille abnégation à l'apostolat, ont mérité comme nous et mieux que nous, peut-être, la récompense de l'apôtre ?

— Certes, oui, mais il me semble que l'impulsion qui les a mises ainsi en valeur reste au compte des Petites-Sœurs.

La Sœur, tout à coup, s'était tue, s'excusant presque, avec une bonhomie charmante qui avait plu à Sœur Lucie, d'en avoir trop dit, peut-être, à la louange de sa famille religieuse, sous prétexte de la faire connaître un peu et de lui attirer beaucoup de sympathies.

Elle n'avait rien dit de trop, puisqu'elle n'avait pas tout dit. Elle avait glissé, l'indiquant à peine, sur l'action directe de la mission sur les âmes. Elle aurait pu, elle aurait dû y insister davantage.

Le rapprochement que l'on fit un jour, dans une cérémonie de première messe, à la chapelle du couvent, entre le ministère du prêtre et celui de la Petite-Sœur, résume cela en une page qui comblera cette lacune.

« Les Petites-Sœurs ne sont pas prêtres comme vous, disait-on au nouvel ordonné (1), mais

(1) L'abbé P. A., cousin germain de Sœur Lucie.

elles sont, mieux que personne, les auxiliaires du prêtre. Elles ne gravissent pas les degrés de l'autel, comme vous allez le faire, pour offrir le sacrifice; mais elles se tiennent tout près, elles s'empressent à l'entour, pour recueillir les fruits de la Rédemption et les distribuer à leurs malades. Elles ne monteront pas dans la chaire, comme vous; mais elles ont une telle façon d'enseigner, de révéler aux malheureux la bonté du Père qui est au ciel; elles se font, si simplement et si fidèlement, l'écho du Verbe qui habite en elles, qu'à les entendre et à les voir la lumière se fait, les colères tombent, les haines s'apaisent; et, à force d'avoir parlé du royaume de Dieu, elles arrivent à l'installer et à l'affermir dans les cœurs les plus rebelles. Elles n'ont pas le pouvoir que vous avez reçu hier, de remettre les péchés, mais elles ouvrent si bien les consciences, elles sont si habiles à évoquer les impressions chrétiennes qui y sommeillaient engourdies dans le lointain des souvenirs, elles ont, à un si haut degré, le don d'amener au repentir les âmes les plus endurcies, que le prêtre, lorsqu'il passe ensuite, pour absoudre, se demande si c'est lui qui a été l'agent de la grâce ou si ce n'est pas plutôt la Petite-Sœur. Elles n'ont pas qualité, comme le prêtre, pour fonder, sur le sacrement, la famille chrétienne, mais elles travaillent, plus que nous peut-être, à la restaurer dans le Christ, par la charité. »

Les traits abondent, qui réalisent à la lettre ce programme. En voici deux, pris sur le vif, entre mille, dans les comptes rendus de la mission.

A Lyon d'abord :

« Pour Noël, au pied de notre crèche, nous avons, au lieu de bergers, huit grands gaillards qui font leur Première Communion. Leur âge? De quinze à dix-neuf ans. Leur état civil? Plutôt étrange. Ils répondent aux noms gracieux de *Vol-au-vent, Canne à sucre, le Rouquin, Pied de carpe*, etc. : de parfaits apaches. Leur domicile? Les terrains vagues du Champ fleuri. Comment nous les avons trouvés ? En soignant la mère de l'un d'eux, pauvre vannière que nous avons eu la joie de ramener au bon Dieu.

» *Vol-au-vent,* son fils, qui accepta avec enthousiasme de venir au catéchisme, ne voulut pas profiter seul de son bonheur. Il battit le rappel au Champ fleuri. Dès le second jour, il était escorté de trois camarades; le lendemain, il en amenait quatre autres.

» Tous les soirs, ils nous arrivaient. Ensemble, on étudiait, on répétait avec ardeur. Au début, ils n'avaient que la sociale en tête et sur les lèvres : « Qu'est-ce que l'Église? — C'est la sociale » établie sur toute la terre..... »

» Pendant un mois, leur bonne volonté ne se démentit point, et M. l'abbé se déclara satisfait de l'examen.

» Alors, ce fut la retraite. Ils étaient à notre porte, avant le réveil, à 5 heures. Nos apaches assistèrent à l'office, à la méditation, à la messe, stupéfaits « que les Sœurs disent *tout ça,* tous » les matins, et à jeun..... » L'un d'eux s'informa du temps qu'il fallait pour « se faire Sœur ». *Canne à sucre* lui répondit : « Si tu savais, toi, » tout ce que les Sœurs font, tu n'en voudrais » plus au bout d'un jour ! C'est que, vois-tu, les » Sœurs, ça est mort au monde. »

» Après une matinée de recueillement et de prière, la supérieure crut sage de les congédier, de 11 heures à 1 heure, pour la détente des nerfs.

» La bande prit joyeusement sa volée. Mais l'un des catéchumènes reçut chez lui un triste accueil : « Tu n'as pas travaillé, tu n'auras rien ! » Et le père le mit à la porte, le ventre creux. Ses camarades furent pitoyables à son malheur : « Dis » rien, nous allons te payer ton déjeuner. » Et ils mirent en commun leur fortune : chacun un sou. Puis *Vol-au-vent* rappela que la Petite-Sœur avait recommandé qu'on soit propre le lendemain : « T'as pas le sou et t'es le plus sale : » je t' paye un bain ; je m'arrangerai. »

» A 1 heure, nos garçons étaient là, la figure

propre, les mains lavées et les cheveux encore tout ruisselants.

» On se prépara à blanchir les âmes. Ils s'y mirent avec le même sérieux. Deux ou trois fois, on les vit retourner au confessionnal.

» Au départ, le soir, tous étaient rayonnants. Le *Rouquin,* pour ne s'exposer plus à la mésaventure de midi, avait pris son dîner au couvent.

» Le lendemain, même trombe matinale. Tous revenaient avec un acte héroïque à leur actif. La veille au soir, ces grands jeunes gens, mal élevés, vagabonds, accoutumés aux mauvais traitements, aux scènes de ménage, aux coups et aux injures, avaient demandé pardon à leurs parents, en les embrassant, comme des enfants. Et cet effort avait été béni de Dieu : les parents, surpris, touchés, avaient pleuré.

» Ils assistaient tous, émus et ravis, à la Première Communion de ces loups transformés en agneaux. »

De Barcelone, on écrit :

« Le démon vient d'essuyer une honteuse défaite. On nous demandait, ces jours derniers, pour un jeune homme qui, tombé d'un arbre, s'était cassé cinq côtes, la clavicule et la jambe en deux endroits. L'accident datait de huit jours. La femme était à bout de forces.

» Le ménage était franc-maçon et sectaire.

» La Petite-Sœur, acceptée par nécessité, trouva le malade très mal. Elle ne cacha pas ses craintes à la famille. On comprit qu'elle allait parler de sacrements. La femme violemment s'interposa, disant qu'elle ne voulait point que l'on parlât de religion à son mari, que d'ailleurs le *Padre* venait le voir et qu'il savait ce qu'il avait à faire.

» Renseignements pris, le curé s'était présenté trois fois, se heurtant toujours aux résistances de l'entourage.

» La Sœur, très inquiète, essaya en vain d'envoyer la femme se reposer, pour parler librement au malade. Deux journées angoissantes se passèrent ainsi, sans rien obtenir.

» L'état s'aggravait.

» Le troisième jour, la femme, vaincue par la fatigue, après avoir recommandé à la Sœur de ne laisser entrer qui que ce soit dans la maison, va enfin se jeter sur son lit et s'endort d'un sommeil de plomb.

» Aussitôt, la Petite-Sœur laisse parler son âme d'apôtre. Le front du malade se plisse un instant, mais le souvenir évoqué de ses années d'enfance, de sa Première Communion le rassérène. On lui rappelle la vie qui finit et qu'il s'agit de bien finir, l'éternité qui ne finit pas.....

» — Voyons, dit la Sœur, vous ne seriez pas
» heureux de rentrer en grâce avec le bon Dieu?

« — Oh! oui, ma Sœur, mais..... »

» Le curé entre providentiellement. Il confesse longuement ce prodigue, et, en sortant, il dit tout ému à la Petite-Sœur :

» — Que votre mission est belle ! Vous pouvez
» ce que nous ne pouvons pas. Il est prêt mainte-
» nant à paraître devant Dieu. Tout est fait, la
» femme peut se réveiller. »

» Le lendemain, le malade était à l'agonie. Sa malheureuse femme, redoutant l'ascendant de la Sœur, à l'heure suprême, fait demander de l'aide à la Loge.

» Bientôt arrivent, un à un, une dizaine de francs-maçons, qui s'installent dans la chambre, pendant que la Petite-Sœur, sans se laisser émouvoir par ce déploiement de forces, assiste le moribond, lui suggère des actes d'amour et de contrition. Les autres blasphèment et l'outragent, pour couvrir sa voix. Mais le regard du malade qui ne quitte pas la Petite-Sœur, les larmes qui coulent de ses yeux, ses lèvres qui baisent le crucifix, en disent assez à ses anciens camarades.

» Il meurt en chrétien.

» Alors, obéissant à la Sœur qui leur montre la porte, ces hommes, comme des moutons, sortent de la chambre. Mais, frappés de ce qu'ils ont vu, ils la félicitent de la façon dont elle a rempli *son mandat*. L'un d'eux, le plus jeune, s'approche timidement et lui dit :

» — Ma Sœur, je criais plus fort que les

» autres. J'étais envoyé pour cela : je vous en
» demande pardon ! »

» — Mon pauvre ami, répondit-elle, vous avez
» bien rempli votre office. Mais, souvenez-vous
» qu'un jour vous mourrez, vous aussi, et que ce
» ne sont pas vos camarades qui vous jugeront,
» mais Dieu ! »

» Et elle se mit à ensevelir le mort. » (1)

Une vision nette des choses, l'assurance que
les réalités entrevues répondraient à son idéal,
un sentiment profond de confiance en l'avenir,
voilà ce que Sœur Lucie avait emporté de cette
visite, vieille déjà de quatre mois.

Elle n'avait rien oublié. Mais les tribulations

(1) Dans les journées révolutionnaires de juillet 1909,
à Barcelone, ce couvent de la *Calle Tapiolas* a été détruit.
Il n'en reste rien ; tout a été saccagé, pillé et brûlé. Les
Petites-Sœurs n'ont pu s'échapper, à la dernière minute,
qu'en escaladant les murs, avec l'aide des voisins, pendant qu'on défonçait les portes de la chapelle. On a tiré
sur elles à coups de revolver et à coups de fusil. Durant
plusieurs jours, réfugiées chez des pauvres, sous des
costumes de femmes du peuple, sans nouvelles des Sœurs
de l'autre couvent, de la *Calle Moncada*, elles ont vécu
dans les transes.
Préoccupée, avant tout, de soustraire, aux profanations
de ces forcenés, le Très Saint Sacrement, la supérieure
n'avait emporté, dans sa fuite précipitée, que le ciboire ;
et, dans l'insécurité de ces heures tragiques, dans le

de la *Louisiane*, les émotions du départ ne lui avaient pas laissé la liberté de revivre à loisir ces bons souvenirs.

L'impression se réveilla toute vive, en face de cette petite porte basse du couvent, qui prit soudain à ses yeux, en descendant de voiture, l'importance d'un symbole, d'une frontière entre deux mondes.

En franchissant ce seuil, elle éprouva la sensation intense d'un dédoublement de son être. Il lui sembla que le dernier fil, qui reliait encore sa vie de jeune fille à sa vie de Petite-Sœur, se rompait là, comme si cette porte, qui s'ouvrait sur les horizons du cloître et de l'apo-

désarroi général, dans l'impossibilité de trouver un abri sûr pour son Trésor, s'autorisant des faits analogues relatés dans l'Histoire de l'Église à toutes les époques de persécution, elle crut bien faire, et elle fit bien, en consommant, avec ses Sœurs, les Saintes Espèces. Elle donna la Communion à ses filles et elle se communia elle-même...

Ce désastre n'a pas découragé les Petites-Sœurs de Barcelone. Sitôt que l'ordre fut à peu près rétabli, groupées toutes dans leur modeste abri de *Moncada*, elles ont repris leur tâche auprès des pauvres, avec un zèle d'autant plus ardent, qu'après cette crise de fanatisme révolutionnaire qui ravagea, avec 46 monastères et 7 églises, les œuvres les plus fécondes d'assistance et de charité, la misère ayant grandi dans ces tristes faubourgs, il y avait plus de haine dans les cœurs et plus de détresse encore dans les âmes.

stolat, allait refouler, pour jamais, dans le passé, en se refermant derrière elle, tout ce qu'elle venait de quitter.

La communauté était à la chapelle pour une vêture que prêchait « Pierre l'Ermite », de la *Croix*.

Sa parole toute en feu, qui jaillissait vibrante de son cœur d'apôtre, pénétra jusqu'au fond de l'âme de Sœur Lucie.

« Malgré mon chagrin, écrivait-elle ce jour-là, j'ai senti presque du bonheur à la chapelle. J'ai renouvelé mon oblation, et il m'a semblé que j'étais entendue. »

A prolonger des adieux pénibles, on risque de trop s'attendrir. Le courage s'use dans l'attente. Lorsqu'on tranche dans le vif, il faut aller vite, pour que la main ne tremble pas.

La cérémonie terminée, la Mère générale vint au parloir.

M^me A. de M..., les yeux pleins de larmes, lui remit sa petite-fille, en la donnant à Dieu, dans un grand acte de foi.

Sœur Lucie, après avoir longuement embrassé sa grand'mère, se mit à genoux et la pria de la bénir; puis, résolument, s'arrachant des bras de sa tante, elle se jeta dans ceux de la supérieure, tout émue elle-même, qui l'emmena. Et ce fut fini.

A la même heure, son père lui écrivait :

» J'allais me mettre à mon bureau, pour revenir bien vite à toi, ma chère petite Lucie, lorsqu'une voiture s'arrêta devant la porte. C'était le bon cardinal qui venait bénir et consoler ton pauvre père. Il a été d'une bonté exquise. Il a rappelé tous les souvenirs de l'Assomption, parlant de vous trois d'une si paternelle façon que j'en suis encore sous le charme. Il a eu un mot aimable pour toute la famille; et surtout pour la bonne-maman qui remplit jusqu'au bout son rôle de mère, avec toi.

» Que cette lettre t'apporte un peu de joie, avec l'assurance que si je pleure encore sur toi, du moins mes larmes ne sont plus amères, mais entretenues seulement par le souvenir des vingt-deux ans de bonheur que tu m'as donnés. »

Sœur Lucie avoua que, de la tribune, à la chapelle, où la supérieure l'avait laissée tout en larmes, elle entendit le roulement de la voiture qui emmenait sa grand'mère et sa tante et qu'il lui fallut un effort violent sur elle-même pour ne pas s'élancer, la rejoindre et s'enfuir. « Mais j'ai regardé le tabernacle et j'ai compris que Notre-Seigneur me donnerait la force. »

Il faut que sa physionomie, son attitude aient trahi d'une façon bien expressive cette détresse du cœur et cette tension de l'âme vers Dieu, pour que, de l'avoir entrevue seulement, une

Sœur en ait gardé le souvenir ému, après quinze mois.

« Nous faisions le chemin de croix. Je récitais tout haut les prières, lorsque, à la II⁰ station, levant les yeux vers la tribune, j'ai aperçu notre Petite-Sœur dont le cœur était brisé : ses larmes en étaient la preuve.

» Une heure après, elle nous rejoignait à la récréation, le visage calme, essayant de sourire à sa nouvelle famille.

» Chaque fois que je fais le chemin de la croix, je repense à la promptitude avec laquelle elle savait faire ses sacrifices. »

Lorsqu'elle se retrouva seule, ce soir-là, entre les quatre murs nus d'une petite cellule, perdue au milieu de cette ruche en activité, où elle ne connaissait personne, où les autres n'ont pas le temps de tenir compagnie aux nouvelles venues qui se succèdent tous les jours, elle reprit, pour y chercher un peu de réconfort, une lettre de Reims que sa tante, en la quittant, lui avait glissée dans la main.

« Je ne veux pas, lui disait-on, vous manquer à un moment si pénible, où, après avoir tout quitté, il vous semble encore que Dieu vous abandonne, que tout s'effondre et que vous restez seule, aux prises avec votre nature qui proteste et qui tremble. C'est une agonie, vous l'avez dit vous-même, et votre âme est triste à en mourir.

» Il arrive souvent que le **démon,** puissance de mensonge, revient, à ces heures de trouble, pour un décisif combat. Tous les motifs qui ont déterminé, dans le calme, la vocation, s'obscurcissent, tandis que les objections prennent un relief effrayant.

» Si cela venait, enfant, si le démon, qui a tant agi autour de votre vocation, vous troublait, sachez que vous n'avez plus besoin, en ce moment, de la grâce de lumière, mais de la grâce d'énergie. Jetez-vous en toute confiance dans ce brouillard : par delà, il y a le soleil, comme il y avait la sérénité du plein jour, le 25 mai, quand vous avez librement pris votre parti.

» Mais non, vous n'aurez pas ce tourment de l'esprit; c'est sur votre cœur que s'appesantit la souffrance. Voilà, pour vous, le calice d'amertume.

» Vous savez si saint Jean était aimé d'un amour de prédilection? C'est à lui que Notre-Seigneur a dit : « Pourras-tu boire mon ca-» lice?.... »

» Vous êtes à l'heure la plus dure et la plus ingrate de votre vie religieuse, dans l'acte même du dépouillement : vous sentez ce que vous perdez, vous ne sentez rien de ce que vous retrouverez.

» Plus elles sont vives et profondes, vos affections, plus aussi elles s'identifient avec votre cœur; et, par conséquent, le sacrifice qui les brise brise aussi votre cœur. Il n'y a point de paroles humaines pour consoler ces douleurs-là, mais il y a des mots, dans l'Évangile, que l'on ne comprend bien qu'après les avoir vécus, comme vous le faites, depuis quatre ou cinq jours surtout.....

» Ce *veux-tu?* de la vocation que vous avez si bien entendu; ce *m'aimes-tu plus que les autres?* qui est une prédestination; ce don de la *meilleure part*, toutes ces grâces de choix ont des conséquences austères que vous aviez prévues et qui s'imposent aujourd'hui.

» Non seulement il faut prendre la croix..... mais il faut, à votre pauvre cœur, l'épreuve terrible du contrôle de ses affections : « Tu ne
» serais pas digne de moi, enfant, si tu aimais
» plus que moi ton père, que tu laisses dans
» l'affliction; ta mère, tu sais laquelle et combien
» elle est tendre; tes sœurs, Jeanne et Marie;
» tes frères, tous ceux qui avaient une place
» dans ton cœur; tes champs, ta *Louisiane* avec
» l'océan..... Aime encore, aime toujours, parce
» que tout cela est bon et légitime, mais aime-
» moi davantage; et, pour m'en donner la preuve,
» quitte tout et viens ! »

» C'est fait.

» Maintenant vous voilà seule !.... Pleurez, mais ayez confiance, parce que c'est pour vous trouver que Notre-Seigneur vous a conduite dans cette solitude ! Pleurez, mais, à travers vos larmes, voyez votre vie qui se prépare ! Vous sortirez de ce martyre plus vaillante et plus libre, pour faire, auprès des malheureux, presque ce que le prêtre y fait. Pleurez, mais n'oubliez pas que l'heure vient de se reprendre et de dire avec Jésus, après Gethsémani : « Levons-nous et marchons ! »

» Pleurez, mais que vos larmes soient une prière; qu'elles disent bien vite à Dieu : *Fiat! Amen!* et, bientôt, *Alleluia!* »

Le lendemain, on la mettait en retraite. Car il s'en faut qu'on entre au couvent, comme le monde le pense, tout de go, de plain-pied, par la porte grande ouverte.

Il semble plutôt qu'on s'applique à décourager les bonnes volontés par une série d'épreuves, où, de fait, plusieurs se rebutent.

Au lieu d'accueillir tout de suite la postulante au foyer de la communauté, avec d'autant plus d'empressement qu'elle sort plus meurtrie du foyer de la famille, on lui impose un long stage, avant de l'admettre au noviciat. On l'introduit dans le vestibule, et on l'y laisse, avec toutes les charges, sans les compensations de la vie religieuse.

C'est sagesse et loyauté, pour éviter les surprises et les malentendus, pour que l'intéressée puisse se rendre compte, s'essayer à la tâche et, d'avance, soupeser le fardeau.

Chez les Petites-Sœurs, on pousse la prudence plus loin encore. On fait une première sélection, avant le postulat, par une retraite laborieuse, retraite privée, qui dure huit jours.

Le choc est rude, en effet, pour une jeune fille qui débarque au couvent toute frémissante encore de ses détachements, dépaysée, déracinée, impatiente de se plonger à corps perdu dans la vie religieuse, de prendre, comme une enfant, place au feu et à la table dans la communauté, avec l'impression qu'on l'attendait ; le choc est rude, d'être tenue ainsi à l'écart, pendant une longue semaine, en observation, comme une étrangère.

Plus rien derrière elle, que des regrets dont l'isolement accentue l'acuité !

Rien encore devant elle, que des appréhensions qui s'exaspèrent dans la solitude !

Les vocations molles et frelatées n'y résistent pas. Les autres en sortent fixées et trempées pour jamais !

Le 5 novembre, Sœur Lucie écrivait à son père :

« **Ma** retraite s'achève. Vous dire que les premiers jours n'ont pas été pénibles serait mentir. Vous connaissez trop le cœur de votre fille pour ne pas deviner tout ce qu'il a souffert.

» J'ai trouvé, dans ma retraite, force et courage, avec la conviction que je suis là où le bon Dieu me veut.

» La règle est bien telle que je me la figurais, large et simple, pour discipliner une vie toute de travail et d'abnégation.

» Là, votre Lucie ne sera pas comprimée. On y aime le bon Dieu, on l'y sert de tout son cœur, mais sans contention et joyeusement.

» Jeanne et Marie, paraît-il, songent à venir me voir jeudi. Si c'était vrai, quel bonheur! »

A sa tante, elle annonce la même nouvelle : « Demain, je prendrai le bonnet de postulante », mais elle y ajoute quelques impressions :

« Merci de m'avoir aidée à un moment si triste, si triste! Je ne saurais vous dire l'angoisse de cette première journée. Si vous étiez revenue, je serais partie..... Je commence à me remettre un peu.....

» Vous savez que la petite lueur de lundi, à la chapelle, n'a pas duré. Mon pain est redevenu très sec.

» Il est arrivé aujourd'hui une jeune fille de Dresde. Pauvre petite! Je ne pourrai malheureusement pas lui parler; mais je la regarderai, et elle comprendra tout ce qu'il y a de compassion pour elle dans mon cœur.

» Celle qui était entrée deux jours avant

moi doit être partie; je ne la vois plus. »

Elle parle du régime :

» La plupart ont de la soupe le matin; à plusieurs, on donne, dans une tasse, quelque chose que je n'ai pas pu définir encore. Jusqu'ici j'ai mon chocolat. (Elle ne dit pas qu'on le lui imposait, pour un temps, malgré elle et qu'elle le noyait d'eau adroitement, lorsqu'elle pensait n'être pas vue.)

» Tous les soirs, je vide héroïquement mon assiette de soupe aux choux. En somme, la nourriture est bonne et abondante.

» Je couche au quatrième, près du ciel.

» L'esprit est large. On est très gai. Aux récréations, chacune raccommode son linge. »

Le lendemain, elle quitta ses vêtements séculiers, pour prendre la robe noire, la pèlerine, avec le petit bonnet modeste et désuet, qui ne ressemble à rien, caractéristique de la situation hybride des postulantes, entre la porte qui vient de se fermer sur le monde et la porte du couvent qui ne s'ouvre encore qu'à demi.

# CHAPITRE IV



Le noviciat est une initiation. La novice est acceptée, admise dans la communauté: on la forme, parce qu'on a résolu de l'agréger.

La postulante n'est encore qu'à l'essai, en vertu d'un contrat implicite que l'on pourrait formuler ainsi : « Vous allez vivre de notre vie, à côté de nous, sous nos yeux ; puis vous nous direz si nous vous convenons et nous vous dirons si vous nous convenez. »

Donc — pour emprunter ici une page de Taine, en l'adaptant, — « dans la petite cité religieuse, toutes les précautions sont prises pour que la future citoyenne sache à quoi et jusqu'où elle s'engage. L'exemplaire de la règle, qu'on lui remet d'avance entre les mains, lui explique l'emploi de chacune de ses journées et de chacune de ses heures, tout le détail du régime auquel elle va se soumettre.

» Bien plus, pour la prémunir contre l'illusion et la précipitation, on exige qu'elle fasse elle-même l'essai de la clôture et de la discipline; elle en aura l'expérience personnelle, sensible, prolongée.

» L'information de la postulante est complète.

» Néanmoins, on y ajoute celle des supérieures.

» Elles l'ont suivie jour par jour. Par delà sa volonté superficielle, actuelle et déclarée, elles démêlent sa volonté profonde, latente et future. Si elles la jugent insuffisante et douteuse, elles ajournent ou empêchent la profession finale. » (1)

La Sœur chargée des postulantes, Mère Madeleine, était une femme de haute stature et de grand caractère. Sa foi robuste, antique, transparaissait dans ses moindres paroles. Tout en elle édifiait. Elle révélait la règle dans sa vie, avant de l'expliquer dans ses leçons. On sentait qu'elle était rude pour elle-même. Son cœur, très chaud, se garait, par vertu, de la tendresse; et ce pli habituel de mortification donnait à sa physionomie une note virile, un peu rigide, qui intimidait. Cette bonté profonde, mais sous le frein, inspirait la confiance, sans parvenir toujours à provoquer l'abandon.

Sœur Lucie, du premier coup, saisit cette nuance. Elle fut à l'aise, tout de suite, avec Mère Madeleine et se prêta, de toute son âme, à cette

(1) TAINE, *Le Régime moderne*, t. II. p. 118.

direction forte, que d'autres eussent préférée moins austère.

Le lendemain du jour où Sœur Lucie prit le bonnet de postulante, on la mit au balayage. La robe relevée, en tablier et en manchettes de grosse toile bleue, elle suivit la Sœur qui devait lui montrer le maniement du balai. La « petite bonne » regarda sans rien dire et laissa la Sœur, qui s'en étonnait un peu, balayer toute la pièce. Mais la leçon avait été comprise, et jamais plus on n'eut à y revenir.

Il en fut ainsi de tous les autres travaux manuels, qui sont à la charge des postulantes. Car, chez les Petites-Sœurs, il n'y a pas de converses.

— Puisque nous devons être servantes des pauvres, disait Sœur Lucie, c'est bien le moins qu'il n'y ait point de distinctions entre nous et que nous fassions nous-mêmes notre ménage.

Elle se prête à tout avec un entrain, une aisance, une simplicité qui lui gagnent d'emblée tous les cœurs.

Son ardeur à la tâche est telle que ses compagnes s'imaginent qu'elle y trouve du plaisir.

Elles ont toutes noté ses préférences pour les emplois les plus humbles, et son habileté à choisir pour sa part, sans en avoir l'air, les besognes viles, répugnantes, ennuyeuses.

Laissons-les parler.

« Elle se jetait sur ce qu'il y avait de plus

dur et de plus ennuyeux. Si jamais sa physionomie s'est assombrie un instant, c'est quand on l'obligeait à s'arrêter. Elle disait gentiment : « Vous me mettez en pénitence. Je serais malade, » si je ne me donnais pas beaucoup de mou- » vement. » (Sr M.-M. — Sr E.)

« Lorsqu'on épluchait des légumes, elle prenait, dans le tas, tout ce qui était le moins propre, le plus désagréable à toucher. » (Sr M.-A. — Sr Y.)

« Comme elle était la plus vive et la plus ponctuelle, la première à tout, au son de cloche, elle arrivait avant les autres à la cuisine et s'emparait des chaudrons, que les vaillantes seules se disputaient. » (Sr M. — Sr M. de la P.)

C'est toute une histoire que ces chaudrons. Ils reviennent sans cesse, dans les notes des novices.

« Si on essayait de les prendre : « Laissez-les- » moi, disait-elle, je suis plus forte que vous. » (Sr C.)

« Elle avait une manière si charmante de se les réserver qu'on ne savait lui résister. Voyant qu'elle s'adjugeait toujours les marmites : « Je vous en prie, ma Sœur, laissez-les- » moi aussi ! » Elle me répondit, mais, si aimablement, que je dus céder : « Merci, ma Sœur, » ayez patience, votre tour viendra. » Et, pendant plus d'un mois, ce fut elle qui les fit. » (Sr B.)

Elle s'appliquait à les rendre bien brillantes, parce que, disait-elle, « on ne fait jamais avec

trop de soin ce qu'on fait pour le bon Dieu. »
(Sr C.)

« Parfois, quand nous pensions avoir fini, on
apportait d'autres piles d'assiettes sales, et nous
disions déconcertées : « Oh! encore! » Sœur
Lucie n'a jamais dit cela. Elle se remettait cou-
rageusement à la besogne. » (Sr A.-M.)

« A la voir, on aurait cru qu'elle n'avait
jamais fait que cela, toute sa vie. » (Sr A.)

Et certes, d'instinct, rien ne lui répugnait
comme les coulisses de la cuisine et les manipu-
lations qui s'y font.

« A la buanderie, elle avait une ardeur qui
entraînait tout le monde. La dernière à être fatiguée, elle croyait toujours les autres plus lasses
qu'elle. » (Sr ***.)

« Au repassage, les premiers jours, elle avait
roussi quelques pièces, par manque d'habitude,
sans doute. La Sœur, alors, ne lui confia que des
menus linges à repasser. Ça lui coûta, car elle
aurait voulu être plus utile. Mais elle y mettait
tant de soin que c'était plaisir de la regarder. »
(Sr M.-A.)

« Pendant une crise d'influenza, qui retenait
au lit une partie de la communauté, elle implora,
comme une faveur, qu'on lui laissât faire une
besogne supplémentaire, les chaussures par
exemple, avant son travail ordinaire. » (Sr M.)
— Sr Y. — Sr H.) — « Je vais vite à faire

» le dortoir, permettez-moi, avant d'y monter,
» d'aider un peu ailleurs. » (S<sup>r</sup> ***.)

Son entrain, son initiative se trahissent partout.

Un matin, la grosse voiture du marché arrive. Le concierge est occupé; il n'y a personne pour décharger. Mais, pendant que les autres se regardent pour aviser, Sœur Lucie, d'un bond, grimpe, tout en haut, par-dessus, comme à la *Louisiane*, sur les voitures de foin, et jette en bas les sacs de pommes de terre et les bottes de légumes.

Au début, on lui reprochait cette impétuosité de nature : elle avait une façon trop brusque d'ouvrir et de fermer les portes; elle arrivait en ouragan, aux récréations..... Alors, elle s'observait, sans réussir tout de suite. On souriait, lorsqu'on la voyait venir de loin, en courant, puis, tout à coup, ralentir son élan et s'approcher doucement, sur la pointe des pieds; ou bien s'arrêter brusquement dans les escaliers qu'elle enjambait à grande allure, pour monter posément, marche par marche.

« Quel entrain, quelle vie elle apportait aux récréations! Elle y mettait tout son cœur, comme à tout le reste. Sa gaieté, son intelligence, son esprit, toujours vif et surnaturel, animaient tous les groupes. » (M. B.)

On ne comprimait pas cette force; on la disciplinait.

« Au cours d'instruction religieuse, une postulante demanda une explication. Avant que la
maîtresse ait eu le temps d'ouvrir la bouche,
Sœur Lucie avait répondu. Alors, pour lui faire
une leçon, la Sœur dit tout haut : « Voilà mainte-
» nant Sœur Lucie qui va nous éclairer toutes ! »
Elle comprit ; et, en souriant, baissa la tête.
Souvent, depuis, quand sa vivacité l'emportait,
je l'ai vue se mordre les lèvres et retenir le mot
déjà parti. » (S<sup>r</sup> ***.)

Les occasions en étaient si rares, qu'on pro-
fitait ainsi des moindres choses pour ausculter
son caractère et mettre à l'épreuve sa vertu.

Une lampe cassée, à la chapelle, lui valut
encore un de ces mots secs qu'on dit exprès aux
enfants pour les former, sans être fâché, avec
une mine sévère qui se retient de sourire.

Déconcertée de l'accident, notre Petite-Sœur
s'en va trouver Mère Madeleine pour lui dire
qu'elle est toute prête à faire réparer, à ses
frais, la malheureuse lampe : « Vous oubliez,
Mademoiselle, que vous êtes pauvre et que vous
n'avez rien ! » La leçon pénétra comme une
flèche, avec ce *Mademoiselle*, qui lui fit froid
dans le dos. (S<sup>r</sup> ***.)


Ces efforts n'allaient pas sans lutte. Cette sérénité dans la vie de communauté lui coûtait plus
cher qu'on ne le pensait autour d'elle. La nature

se lasse, à la fin, des sacrifices qu'on lui impose, et il y eut, ce premier mois, quelques moments difficiles de trouble et d'abattement.

Une privation lui fut particulièrement pénible : le secret de sa correspondance.

« J'étais si triste, ces jours-ci ! C'est fini maintenant ; du moins, ce n'est plus la même chose. J'avais cru qu'une fois au couvent la pensée du sacrifice accompli allait me soulever à tel point que rien de mortifiant ne m'abattrait plus. Hélas ! je me retrouve très sensible. Le bon Dieu me prend par mon côté faible. Voilà qu'il me faut renoncer à ma correspondance intime. Je ne puis me faire à l'idée que mes lettres seront lues. » (1)

Un mot qu'on écrit à sa tante, après une visite à la rue Violet, reflète cette impression.

« Oui, elle a eu de la peine. C'était l'émotion toute fraîche de cette mainmise sur la correspondance du cœur. Elle savait bien que cela devait être et que cela serait, mais elle sent que cela est.

» Tout est donné, mais tout ne se prend que par morceaux ; et, chaque fois, le cœur, qui n'y comprend rien, se récrie et souffre.

» On la formera. On lui imposera toute la règle, toute la discipline, tous les sacrifices. Mais rassurez-vous, on le fera avec la conviction

(1) Lettre du 14 novembre 1895.

que l'on travaille une âme d'élite, pour la mettre en valeur, afin que les pauvres trouvent en elle tout ce que la Providence a voulu leur donner en l'appelant à l'apostolat.

» Dieu ne sépare pas pour séparer, et, s'il prend Lucie, ce n'est pas pour vous l'enlever, c'est pour l'avoir. » (1)

Ces défaillances passagères, chez Sœur Lucie, n'étaient point un recul, mais un fléchissement de la nature qui pesait sur la volonté et la fatiguait, sans la faire chanceler.

Elle en avait conscience : « Je m'accroche à l'esprit de foi et je reprends courage. »

Mais, cela l'aidait qu'on le lui rappelât.

« Vous avez eu de rudes journées à la *Louisiane,* chère Petite-Sœur, mais c'était la contradiction, et vous aviez le courage que donne la lutte. Maintenant, vous êtes dans une phase d'isolement, en face, non pas de votre vocation, mais d'une préparation laborieuse et ingrate. Les choses que vous faites, à la cuisine et ailleurs, sont vulgaires et elles n'ont pas leur sens véritable, puisqu'elles ne sont pas rattachées, comme elles le seront plus tard, à l'œuvre apostolique.

» Vous faites des travaux de domestique, qui déconcertent vos instincts intimes plus encore

(1) Lettre du 2 décembre 1895.

que vos mains qui sont vaillantes. C'est qu'en effet
vous voulez être servante, comme Marie l'a été,
de Jésus humilié dans son humanité : servante
comme Marie, sans les compensations de Naza-
reth ; car le Jésus que vous servirez, c'est le
Christ fait pauvre, infirme, malade, sans que
rien rachète les aspects répugnants de cet abais-
sement.

» Vous serez de celles qui comprennent
l'exemple et la parole du divin Maître : « Je suis
» venu pour servir et non pour être servi », de
celles qui sacrifient leur jeunesse pour rendre
témoignage à Dieu devant le monde, par cet
argument décisif auquel l'Evangile renvoie les
incrédules : « Les pauvres sont évangélisés,
» aimés, soignés comme ne le sont pas les grands
» et les riches. C'est à ce signe que l'on recon-
» naîtra la divinité de ma mission. »

» Vous ferez donc œuvre d'apôtre et vous
aurez récompense d'apôtre ; mais, auparavant,
souffrances et épreuves d'apôtre.

» Votre vie est un tout. La passivité intelligente et cachée d'aujourd'hui vaut l'activité con-
solante de demain, puisqu'elle la prépare. Pour
la nature seule, il y a une différence : aux yeux
de Dieu, l'unité de l'œuvre équipare le mérite.

» Voilà le grand côté de ces petites choses.

» Elles ont cette portée, chère Petite-Sœur,
vos pommes de terre de la cuisine, vos brosses

à parquet et vos loques à poussière. Elles vous semblent mornes et froides parce qu'elles n'ont pas encore de rapport direct avec les pauvres. Mais c'est l'apprentissage, toujours pénible.

» Ajoutez à cela la privation de tous les encouragements sensibles, de toutes les joies du cœur, de tous ces répits reposants, qui ne font certes pas la vertu, mais qui la soutiennent, et vous comprendrez que votre tristesse de cœur, moitié angoisse, moitié fatigue, est plus que motivée. » (1)

« Jamais vous n'avez eu autant besoin de courage, c'est-à-dire de force persévérante, parce que, si l'ardeur suffit, à certains moments, pour enlever un devoir difficile et faire un sacrifice, elle est insuffisante, ici, contre ces petites choses monotones et lassantes qui vont faire, pour un temps, le fond de votre vie.

» C'est que, chère Petite-Sœur, il faut s'immoler dans le silence et l'abnégation d'une vie cachée, avant de participer à la mission apostolique qui a souri à votre cœur; — c'est que votre âme, vaillante par instinct, a besoin de subir cette discipline mortifiante avant d'être souple dans la main de Celui qui veut s'en servir pour l'œuvre de rédemption; — c'est que vous seriez vite épuisée, rebutée, désemparée, si l'on

(1) Lettre du 5 décembre 1895.

vous jetait, avec votre seul bon vouloir, dans les travaux que vous ferez si bien plus tard; — c'est que la vie religieuse affirme loyalement ses amertumes, au début, afin d'ouvrir les yeux tout de suite aux timides et aux lâches, et de ne pas séduire, par des illusions, les ardentes qui s'engageraient pour toujours, sur des données trompeuses.

» Vos épreuves, ainsi éclairées d'en haut, ne vous déconcerteront plus; et, mieux vous connaîtrez la cause de vos impressions, plus vous aurez de force pour les dominer.

» Que si le découragement vous prenait, sous forme de doute sur votre vocation, ne soyez pas dupe. L'examen est fait. Vous avez vu clair au moment opportun; c'est de la grâce d'énergie dont vous avez besoin aujourd'hui. N'exigez pas qu'elle soit lumière, en même temps que force.

» Vivez généreusement de vos sacrifices. Comprenez qu'ils ne devaient pas rester spéculatifs. Vous avez renoncé à tout. Le bon Dieu peut vous faire crédit longtemps, et même toujours, sur certains points bien appréciés, bien bons, sur certaines joies, sur certains petits bonheurs. Mais il est des choses que, dans tout Ordre religieux, il faut sacrifier, au moins dans les limites de l'obéissance : la liberté de la correspondance. On ne lit pas toutes les lettres; mais on peut les lire ; et, c'est pour affirmer ce renoncement qu'on vous les donne ouvertes. » (1)

Elle les dévorait, ces chères lettres, tout imprégnées de l'affection des siens. Elle les relisait vingt fois. Elle les trempait de ses larmes. « Que voulez-vous, disait-elle, quand on la surprenait ainsi les yeux rouges, c'est plus fort que moi ! Mon sacrifice est accepté franchement ; mais tout cela le renouvelle. Et d'ailleurs, si on ne le sentait pas, ce ne serait pas la peine de l'avoir fait ! » (S$^r$ M.-J.-F.)

Mais elle se domina vite. « Le jour de Noël, elle reçut beaucoup de lettres, une surtout de sa tante qui la ravit. Elle se mit à la lire avec empressement. « Vous êtes heureuse, lui dis-je, » d'avoir un si bon courrier ; moi, je n'ai rien ! » » —C'est vous alors, dit-elle, qui êtes privilégiée. » Le bon Dieu vous traite plus virilement que » moi, parce que vous avez plus de vertu. Je suis » une égoïste. » Et, malgré mes instances, elle mit sa lettre à sa poche, pour faire récréation avec moi. » (S$^r$ R.)

Le mariage de sa sœur, en décembre, fut encore une date lourde à son cœur.

Elle était de service à la cuisine, ce jour-là. En souriant, elle dit à ses compagnes : « Au lieu

(1) Lettre du 15 décembre 1895.

d'une robe rose, me voilà en laveuse de vaisselle ! »

Mais elle avoua sa peine, en confidence :

« J'avais prévu ce chagrin. Il a dépassé mes appréhensions. Et pourtant, le soir, j'étais heureuse d'avoir souffert, heureuse d'être à Dieu pour toujours. » (1)

Quelques mois plus tard, le mariage de son frère raviva cette émotion.

Une Sœur la surprit, la tête baissée sur son ouvrage, très active, mais un peu à l'écart. « Je l'appelai deux fois avant qu'elle répondît et je la vis toute en larmes. « C'est lâche, dit-elle, de » pleurer. Mais mon frère se marie aujourd'hui. » Ils sont tous réunis là-bas et je ne puis » m'empêcher de penser à eux. On peut accepter » et souffrir, n'est-ce pas? Je ne reprends rien. » Notre vocation vaut bien tous ces renoncements. » C'est si grand et si beau, la vie religieuse! » Et j'ai senti, ajoute la Sœur, qu'elle s'arrachait de nouveau, dans un acte de foi, à ceux qu'elle aimait. » (Sr M.-M.)

Elle écrivait le même jour :

« J'ai le cœur en petits morceaux. Je pleure, mais l'âme est vaillante, sans un regret. Pour rien au monde, je ne voudrais revenir en arrière. j'éprouve même une joie intérieure, une paix

(1) Lettre du 20 décembre 1895.

profonde à aimer Dieu davantage toujours, et je m'applique à ne lui rien refuser.

» Je remercie Notre-Seigneur qui a permis que la ferveur de ce désir ne m'ait pas abandonnée un seul jour, depuis mon entrée au postulat. Puisse-t-elle au moins passer dans mes actes et ne me quitter jamais. » (1)

La tâche est aisée de soutenir des âmes comme celle-là, qui vont de l'avant, dans nos pauvres chemins, d'un pas si alerte que d'elles on peut redire ce qu'on a dit de l'oiseau :

Même quand il marche, on sent qu'il a des ailes.

« Oui, chère Petite-Sœur, laissez aux heureux de là-bas ces jours de félicité. La fête passera. Comme les autres, ils s'enfonceront dans les embarras de la vie, et leur existence, fatalement, suivra son cours, comme le font les saisons en commençant par le printemps, pour s'incliner tristement vers l'hiver.

» Vous, au contraire, à mesure que vous irez à la suite de Notre-Seigneur, vous vous sentirez plus libre, et vous verrez l'horizon, devant vous, s'éclairer de lumières plus douces et plus radieuses, comme si vous alliez vers un printemps qui ne connaîtrait pas de déclin.

_______

(1) Lettre du 25 septembre 1896.

» Dans la vie religieuse vraie, profonde et sainte, telle que vous la concevez, il semble que tous les sacrifices soient au début, et les joies en réserve, pour l'avenir; en sorte que l'âme généreuse s'en va au ciel quasi naturellement, comme l'oiseau qui monte en chantant, parce qu'il a des ailes : « *laqueus contritus est, et nos* » *liberati sumus;* nous avons rompu violem-» ment les liens qui nous retenaient en bas et » nous nous sommes trouvés libres. »

» L'effort est douloureux qui a fait cette rupture. Il déchire. Il meurtrit. Mais toutes les plaies, dans une chair saine, se cicatrisent; et, quel que soit le gémissement du cœur sensible qui est sacrifié, l'âme a la paix; elle est heureuse.

» Ne trouvez-vous pas qu'il y a quelque analogie entre l'âme religieuse, qui n'a plus le droit de s'attarder aux choses de ce monde, et l'hirondelle, qui, pour gagner le pays qu'elle aime, traverse la mer, sans pouvoir non plus s'y reposer?

» Évidemment son vol est fatigué et son œil cherche un point solide où s'arrêter un moment. Mais l'instinct l'entraîne et elle va quand même. L'instinct, c'est notre foi; et si, fatigués, nous regardons plus fixement, à certains jours, les choses d'en dessous, parce que nous croyons qu'elles nous reposeraient, nous devons savoir aussi reprendre, avec confiance, notre vol qui s'alourdissait.

» Est-ce à dire qu'il faille pousser ce renoncement à l'extrême et ne pas accepter, avec simplicité, ce que la règle permet des joies légitimes de la famille, qui sont compatibles avec notre vocation?

» Ce serait libre mortification que d'y renoncer. Le devoir n'y oblige pas.

» Les hirondelles, volontiers, quand elles les rencontrent en pleine mer, se posent sur les bateaux qui passent. Elles se laissent prendre. On les nourrit, on les caresse. C'est bien.

» Mais elles risqueraient de n'arriver jamais ou d'arriver bien tard, si elles s'installaient sur ces bateaux, qui vont moins vite ou qui vont à contre-sens.

» Elles ne doivent pas se faire traîner paresseusement, comme ceux qui n'ont point d'ailes.

» Elles partent, et Dieu les bénit. » (1)

Elle savait sourire à ces rayons de soleil passagers, sans être tentée de s'asseoir sur le talus du chemin, pour rêver au passé.

Sa joie débordait lorsqu'on lui annonçait quelque visite de sa famille. « Jeanne et Marie vont venir, j'en tremble de bonheur ! »

(1) Réponse du 28 septembre 1896.

Mais, loin de l'amollir, ces heures d'intimité avec les siens lui faisaient du bien : « Il y en a qui reviennent tristes du parloir. Moi, j'en reviens toujours plus contente et plus consolée. »

Ce n'était pour elle, comme elle disait, qu'un « dimanche du cœur qui repose d'une semaine laborieuse et prépare aux labeurs d'une autre semaine ».

En janvier 1896, elle écrit :

« Je crois sentir encore plus vivement, pour les miens, cette affection si forte déjà avant la séparation. Vous ne sauriez croire comme toutes les cordes de mon cœur vibrent et gémissent au moindre souvenir. Je n'aurais jamais cru pouvoir arriver à ce que pourtant j'éprouve. Je les aime plus, mais avec moins d'agitation. C'est plus pur, plus grand. On a l'impression que Dieu y entre davantage et que, jusque dans ces affections naturelles, on est tout à lui. Je ne peux pas vous expliquer. Cela se sent, mais ne s'explique pas bien. »

« Un jour, elle rapporta du parloir une fleur qui venait de chez elle. Elle ne voyait pas que je l'épiais. Elle regardait la petite fleur avec amour et la posait, pour se remettre à écrire ; puis elle la reprenait....; les larmes lui vinrent aux yeux. Alors, brusquement, elle baisa la fleur, la jeta, et se remit à l'ouvrage..... J'ai compris tout ce qui s'était passé dans son cœur. » (Sʳ C.)

Quelques traits glanés encore dans les notes de ses compagnes achèveront de nous peindre Sœur Lucie, à la fin de son postulat.

Elles sont unanimes à proclamer sa bonté, sa parfaite égalité d'humeur en communauté, ses prévenances, ses attentions pour ses sœurs.

« Ce qui m'a toujours édifié, dit Sœur Y., c'est son affabilité avec nous toutes, sans prétention ni affectation. Elle ne faisait jamais sentir sa supériorité. Si même on disait quelque chose qui aurait pu la mettre en évidence, et à juste titre, elle détournait habilement la conversation. »

« Sa simplicité avait quelque chose de si attrayant qu'on en subissait le charme. On l'aimait d'une affection toute spontanée, mais bien surnaturelle. » (Sr M. de la P.)

« J'aimais son caractère, sa gaieté, son ardeur. Elle mettait en toutes choses beaucoup d'élan et de générosité. Elle agissait avec une aisance qui charmait. Je ne lui ai jamais entendu dire une parole qui pût faire de la peine. Elle avait du tact et une grande délicatesse de sentiment. » (Sr M.-M.)

« Elle ne pouvait voir personne dans l'embarras sans essayer de l'aider. Elle était toujours prête à rendre service; aux aguets pour épargner une peine à ses sœurs. » (Sr A.-M.)

« Elle encourageait, d'un bon regard ou d'un

sourire, les distraites, les timides, les hési-
tantes. » (Sr ***.)

« Quand j'arrivai rue Violet, pour faire ma
retraite, j'aperçus Sœur Lucie qui traversait la
cour. Son air de simplicité et de douceur m'attirait. Je me dis : « Si **toutes** les autres sont comme
» celle-là, je m'accoutumerai vite. » (Sr **M.-D.**)

« Je n'ai jamais surpris en elle un air maus-
sade, ni un **geste** de mauvaise humeur. »
(Sr ***.)

« Elle tenait compte des moindres avertis-
sements. Elle acceptait, avec un grand esprit
d'humilité, toutes les observations. » (Sr S.-E.)

« On ne la vit jamais **perdre** un instant. Elle
était avare du temps, toujours occupée, trouvant
moyen d'utiliser ses moindres loisirs. » (Sr X.)

Le témoignage de ses voisines sera plus précis encore.

« Dès son **arrivée**, elle fut placée à côté de
moi. J'en étais ravie. Je ne lui cachai point ma
sympathie ; et, au début, elle s'était laissée aller
à me parler un peu d'elle et de sa famille. Mais,
au bout d'une semaine, elle me dit : « Je crois
» que nous donnons le mauvais exemple, par ces
» conversations particulières. Il faut y renoncer
» et nous avertir mutuellement si nous nous
» oublions. » Et lorsqu'elle glissait, un **moment**,
à quelque confidence de ce genre, elle m'en
demandait pardon. » (Sr S.-E.)

« A mon entrée au postulat, je fus placée
près d'elle et elle m'inspira tout de suite une
affection profonde. Elle savait si bien m'encourager et me consoler! Pour lui témoigner ma
reconnaissance, je lui offris une image qu'elle
avait remarquée, et je fus toute surprise de l'entendre me dire : « Merci, ma Sœur; vous ne con-
» naissez pas encore la règle. Mais elle défend
» de donner ou de recevoir même une petite
» image sans permission. » Et cela, d'une façon
si charmante, que, loin d'en être froissée, j'en
fus profondément édifiée. » (Sʳ B.-M.)

« A la salle de récréation, elle était ma voisine. Elle s'aperçut bien vite que, malgré mes
lunettes, mes doigts inhabiles et tremblants ne
parvenaient pas à enfiler mon aiguille. Aussitôt,
avec une bonne grâce que je ne saurais dire,
elle me vint en aide; et elle surveillait si bien
mon travail que son sourire, ensuite, prévenait
toutes mes demandes. » (Sʳ M.-L.)

« Sa cellule touchait à la mienne, dit une autre,
et je l'entendais, au premier coup de cloche,
sauter de son lit, avec une énergie qui ne se
ralentit jamais. » (Sʳ A.-M.)


Comme on suit de l'œil, au printemps, dans
la nature, la poussée de la sève, on pouvait, en
effet, mesurer, d'un mois à l'autre, les progrès
de Sœur Lucie.

Ce temps de formation ne lui paraît pas trop long, parce qu'elle en sent l'utilité.

« Cette vie que je trouvais commune, et qui reste telle dans ses éléments matériels, je l'aime maintenant, car j'ai compris que le mérite ne dépend pas de l'importance plus ou moins grande de l'œuvre faite, mais de l'état d'âme, de la générosité du vouloir, de la pureté de l'intention. »

Elle écrit que « le sort réservé aux Congrégations ne l'effraye pas ; qu'elle est prête à affronter la persécution, même à en être victime ; mais, ajoute-t-elle, je n'en suis pas digne. »

Elle éprouve une satisfaction profonde à entrer dans la vie religieuse à une heure d'hostilité violente, qui replace sa vocation dans les conditions rigoureusement prévues par l'Évangile.

Et on l'y encourage.

« Ne vous semble-t-il pas, à entendre le Seigneur Jésus-Christ, que les périodes de calme et de liberté, les années pacifiques et prospères, soient anormales dans l'histoire de l'Église, et, surtout, dans l'histoire des Ordres religieux ?

» Et remarquez qu'il ne s'agit pas du régime pénitentiel de renoncement et de mortification, visé par le texte classique de saint Matthieu : « Si » quelqu'un veut me suivre, qu'il se dépouille de » ses biens, qu'il se renonce et prenne la croix ! » mais de l'attitude du monde, des courants de l'opinion, de l'état social, des dispositions du gouvernement vis-à-vis de l'Église.

» Il n'y a pas à s'y tromper : « Je vous envoie » comme des agneaux, dans une bande de loups. » Les loups, ce sont les hommes, « *cavete ab* » *hominibus*, garez-vous des hommes! » Ils vous seront hostiles. « Ils vous traîneront de- » vant les tribunaux. » Attendez-vous à tout de leur part. Ne vous déconcertez pas « lorsqu'ils » vous persécuteront, lorsqu'ils diront du mal » de vous, en mentant; car vous serez en butte « à la haine du monde, à cause de moi. »

» Et cette idée de persécution est tellement présente à sa pensée qu'il y revient, même lorsqu'il énumère à Pierre les compensations réservées à ceux qui auront tout quitté pour le suivre : « le centuple, la vie éternelle, *cum per-* » *secutionibus,* avec la persécution. »

» Il en donne la raison toujours actuelle, tou- jours vraie : Le monde vous traitera comme il m'a traité moi-même. « Il m'a persécuté; il vous » persécutera. Si vous étiez du monde », si vous aviez son esprit, ses tendances, ses mœurs, le monde, se retrouvant en vous, « vous aimerait ». Mais « vous êtes n'êtes pas du monde, *de mundo* » *non estis*, parce que je vous ai séparés du » monde, *ego elegi vos de mundo,* et, à cause de » cela, il vous hait, *propterea odit vos mundus.* »

» Il semble bien dire que cet état d'hostilité

est l'état normal; car il ajoute : « Soyez heu-
» reux lorsqu'ils vous maudiront; quand ils vous
» traiteront en parias »; qu'ils vous tiendront
en marge de la société; « quand ils en viendront
» à exécrer jusqu'à votre nom. »

» Quand les choses vont ainsi, « soyez
» contents ».

» Tandis que si vous deveniez l'objet des
faveurs du monde, si vous étiez choyés par le
monde, prenez garde, défiez-vous, c'est mauvais
signe : *væ autem, quum benedixerint vobis.* Car,
le monde étant ce qu'il est, si vous lui plaisiez,
c'est que vous ne seriez plus, vous, ce que vous
devez être.

» Peut-on dire plus explicitement, chère
Petite-Sœur, qu'au point de vue surnaturel,
l'heure est propice pour entrer en religion? »

Lorsqu'on lui eut annoncé officiellement sa
prise d'habit, on la vit prier davantage, s'appliquer plus rigoureusement au devoir et s'en-
foncer dans un recueillement plus profond.

Il était manifeste qu'elle redoublait d'efforts
pour se préparer à sa première consécration.

C'est le moment pourtant d'avouer une
infraction matérielle à la règle, une interpréta-
tion, plutôt, que, dans sa conscience, elle estima
justifiée, par un sentiment de délicatesse vis-
à-vis de sa communauté.

A l'insu de ses supérieurs, elle écrivit à sa grand'mère la lettre suivante, qui est un petit chef-d'œuvre de finesse et d'habileté :

« Chère bonne-maman,

» Ce petit mot, passé en contrebande, vous renouvellera toutes mes tendresses. On m'a dit que vous aviez l'intention de laisser un souvenir à notre chapelle, à l'occasion de ma prise d'habit. Me trouverez-vous trop indélicate, si je vous confie que je viens d'apprendre, par hasard, un grand désir de notre Mère, qui date de loin et qui est devenu le mien : ce serait d'avoir, pour éclairer la table de communion, deux grandes torchères, dont le prix dépasserait de beaucoup celui que vous vouliez mettre à votre cadeau.

» Je vous suis si reconnaissante de ce que vous avez fait pour mes sœurs, qu'en vous en remerciant encore je vous demande de me dire, tout simplement, si mon désir vous paraît irréalisable.

» Bien entendu, je n'ai pas dit un mot de cela à notre Mère ; et, seulement après votre réponse, je m'accuserai de ce que je fais.

» Je sais même que, généralement, si les familles tiennent à faire une offrande, on ne l'accepte que pour la profession et non à la prise d'habit. Mais, chère bonne-maman, à ce moment-là, il n'y aura peut-être plus rien à offrir pour l'ornementation de la chapelle, et je serai si heureuse, plus tard, quand, loin de Paris, je penserai que ces deux flambeaux, donnés par vous, en mon nom, éclaireront tant d'autres cérémonies de vêture et de profession !

» Jamais je ne vous aurais sollicitée ainsi pour moi. Je suis même enchantée que ma robe ne sera pas pour vous une grosse dépense; car elle devra être en étoffe commune, afin de rester dans la note modeste des autres postulantes.

» Ai-je été indiscrète? Pardonnez-le-moi. Sinon, si mon idée vous agréait, faites donc à notre Mère la surprise de lui écrire que vous gâtez encore votre petite-fille, qui prend pour fait à elle-même tout ce que l'on fait pour sa famille religieuse. » (1)

Inutile de dire que les torchères brûlent, depuis le 4 mars 1896, dans la grande chapelle, en souvenir de Sœur Lucie.

On avait cru devoir la mettre en garde contre les impatiences de sa nature qui, peut-être, allait trouver trop calme, trop lente et trop minutieuse la formation du noviciat.

« Vous voilà au bout de la première étape. Il est possible que celle qui va suivre vous paraisse plus pénible, à certains égards. Ce sera le temps de l'initiation, mais le temps de

(1) 25 janvier 1896.

l'épreuve aussi, de l'épreuve voulue, calculée, que les supérieurs doivent imposer, pour briser la volonté naturelle et révéler aux novices les plus rudes côtés de la vie religieuse.

» C'est loyal de ne leur rien dissimuler, afin qu'elles puissent soupeser d'avance la croix qu'elles ambitionnent de porter.

» Prêtez-vous joyeusement, demain comme hier, à cette culture intensive, qui prépare les moissons de l'avenir.

» Ne regardez pas les choses matérielles, autour et à propos desquelles se feront vos expériences et vos épreuves. Ces riens, qui rebuteraient, sont les éléments du travail surnaturel que Dieu veut faire en vous.

» Vous serez forte, plus tard, dans la mesure où cette abnégation aura été complète. Votre action personnelle sera féconde dans la proportion où vous serez l'instrument conscient de la Providence.

» Or, l'instrument parfait, c'est celui qui se prête, avec souplesse, à l'impulsion du Maître, qui est fait à sa main, qui s'identifie avec lui, qui seconde et devine sa pensée, qui n'a d'autre amour et d'autre vouloir que le sien. » (1)

Mais, toujours la même, elle n'attend pas qu'on la pousse, elle prend les devants.

(1) Lettre de février 1896.

Son élection, à la fin de la retraite, est à citer tout entière.

« Vous m'avez fait la grâce, ô mon Dieu, en mettant dans mon âme la pensée, puis le désir de la vie religieuse, d'envisager toujours ma vocation sous son vrai jour.

» Je ne suis pas venue ici pour fuir les soucis du monde, mais pour me sanctifier, pour vous aimer davantage, pour me dévouer, jusqu'à la mort, au salut de mes frères les pauvres.

» Vous savez que, pour cela, je n'ai pas hésité à tout quitter, à tout sacrifier. Je suis à vous sans réserve et j'accepte de vivre en pauvreté, chasteté, obéissance.

» J'accepte de mortifier ma chair, pour vaincre mes mauvais penchants et acquérir les vertus qui me manquent.

» Tout cela coûte, ô mon Dieu. C'est dur, et, surtout, c'est long, puisque c'est pour toute ma vie.

» Pourtant, mon bonheur est là, je le sens; j'ai commencé à l'expérimenter : je n'en veux plus d'autre, ici-bas.

» Aidez-moi, maintenant, à acquérir le véritable esprit religieux qui sera ma sauvegarde contre l'esprit du monde et qui me donnera la force d'être fidèle à tous les devoirs de mon état, aux moindres prescriptions de la règle, sans chercher à y apporter de lâches adoucissements.

» Le saint habit, dont je vais être revêtue, me rappellera sans cesse que je suis morte au monde. Il m'aidera à marcher, sans en dévier jamais, dans la voie de l'abnégation.

» Vous ne me dites plus, comme au jeune homme de l'Évangile : « Si tu veux être parfaite, » quitte tout et suis-moi. » C'est fait, cela. Mais, « puisque tu as tout quitté pour me suivre, main-» tenant, tu dois être parfaite. »

» Je veux, ô mon Dieu, répondre, par ma générosité, à votre prédilection. C'est d'ailleurs pour moi une obligation rigoureuse, car je serai jugée plus sévèrement, puisque je reçois plus de grâces et que j'ai des moyens de sainteté plus efficaces.

» Vous avez voulu, ô Jésus, passer par les transes de Gethsémani pour être notre modèle, dans l'affliction et la tristesse : c'est à vous que j'irai quand l'ennui et le découragement m'accableront. Car, tandis qu'à certains jours tout me semble facile, il arrive parfois que je l'appréhende, ce régime austère que je désire et choisis librement.

» Faites que, malgré ces répugnances, qui augmentent le mérite, mon courage ne fléchisse pas.

» Rien ne me coûte autant que l'obéissance.

» Que ma volonté ne soit plus mienne, mais toujours conforme à la vôtre, telle que me la manifesteront mes supérieurs.

» Je veux m'astreindre à l'observation exacte de la règle, pour vous plaire, ô mon Dieu, afin que je meure saintement, comme une religieuse fervente, détachée de tout, unie à vous seul et pour l'éternité. »

On hésite toujours à faire fond sur ces déclarations brûlantes, qui expriment, à la fin d'une retraite, l'état d'âme du moment, aussi fragile, souvent, qu'il est sincère. On en prend note, en passant, comme on enregistre une température, sans trop compter sur le lendemain; car, à force d'en avoir fait l'expérience décevante, chez les autres et chez soi, on ne s'étonne plus que ces ardeurs de néophytes ne soient que des feux de paille; quand Sœur Lucie mourut, moins d'un an après, ce programme avait été réalisé à la lettre, sans le moindre déchet; on l'aurait pris plutôt pour un procès-verbal signé, après coup, par tous les témoins de sa vie.

L'or franc ne redoute aucun contrôle. Cette vocation était pure de tout alliage humain. A l'examiner de plus près, on ne pouvait que l'apprécier davantage. Elle subit donc, sans embarras, l'épreuve de l'examen canonique.

Car, avant que s'ouvre la porte du noviciat, l'Église intervient officiellement, pour s'assurer qu'elle ne s'ouvre qu'à bon escient.

Le temps n'est plus du « froqué malgré lui »,

des filles cloîtrées au gré de leurs parents. On
ne précipite plus les engagements, et la loi se
refuse à leur prêter son appui. Si quelqu'un va
au couvent, s'il y reste, c'est que le couvent lui
plaît.

Les abus, qui peuvent se glisser encore entre
les mailles resserrées de l'institution monastique,
ne font tant de rumeur que parce qu'ils sont
rares.

Quand la postulante s'est entendue avec la
Congrégation, l'évêque s'interpose.

Il veut savoir d'elle quel motif la pousse,
d'abord : la valeur de sa vocation; puis, si
elle est libre : a-t-elle des charges ou des obli-
gations qui la réclament dans le monde? Enfin,
si elle est digne, si elle est apte; dans la crainte
que la Congrégation ne s'incorpore un sujet qui
troublerait la paix de la communauté ou qui
entraverait son œuvre.

Et cet examen canonique se renouvellera à
deux reprises encore : avant la profession et
pour les vœux perpétuels.

En sorte que toutes celles qui frappent à la
porte n'entrent pas; et plusieurs, qui auraient
voulu rester, sont invitées à sortir.

# CHAPITRE V



— Ma fille, que demandez-vous?

— Je demande à être admise au noviciat des
Petites-Sœurs de l'Assomption, gardes-malades
des pauvres à domicile.

— Votre désir est grand; il est saint. Mais
il en coûte de renoncer au monde et à soi-même.
La vie commune a ses épreuves; les devoirs
qu'elle impose sont pénibles. Voulez-vous donc
vous engager, pour toujours, dans la voie de
l'abnégation et du renoncement?

— Oui, mon Père, avec la grâce de Dieu et
l'assistance de sa sainte Mère.

— Est-ce librement que vous venez recevoir
l'habit de cette Congrégation?

— Oui, mon Père.

— Puisqu'il en est ainsi, que Dieu soit loué et
que sa grâce vous soutienne, à présent et toujours.

Ce jour-là, 4 mars 1896, la postulante, qui
répondait ainsi, s'appelait Sœur Lucie.

Parée, comme une fiancée au matin de ses
noces, elle occupait une place d'honneur, dans
le chœur, à la chapelle.

Le prêtre qui l'interrogeait solennellement, au nom de l'Église, en présence de la communauté, sous les yeux de sa famille et de ses amis, était celui à qui elle avait confié jadis « la clé de sa conscience pour ne la plus reprendre ».

Avant de faire tomber sa chevelure et de lui donner l'habit, il refit, avec elle, l'histoire de sa vocation et le compte de ses sacrifices, écartant, d'un mot, les sottes et malveillantes insinuations qui rabaissent la vie religieuse dans l'estime des mondains et dont elle avait tant souffert.

« ..... Qui donc, chère Petite-Sœur, a fait les premiers pas, de vous ou de Notre-Seigneur? Vous en souvient-il? Et, si vous avez gardé l'ineffable impression du jour, de l'heure où votre âme s'est surprise elle-même en face de Jésus-Christ qui lui parlait d'amour, comme il n'en parle point à toutes, n'est-il pas vrai qu'il vous avait devancée; que, s'il vous appelait, depuis longtemps, il vous avait choisie, *quos prædestinavit, hos et vocavit;* et que cet amour de prédilection a plané, comme une bénédiction, sur toute votre vie?

» La grâce initiale la plus décisive, c'est une sainte mère : saurons-nous jamais tout ce qu'il peut s'infiltrer de divin, à travers l'âme d'une sainte mère, dans l'âme de son enfant..... ?

» Cette grâce, vous l'avez eue. Vous en avez vécu. Vous en vivez encore. Car, si la mort a prise sur les cœurs, elle ne touche point aux âmes; et elle n'est point orpheline, l'âme d'une enfant dont la mère est au ciel.

» Rien, en apparence, ne distingue, d'une autre, la terre ensemencée, jusqu'au moment où le germe venant à poindre se révèle de lui-même.

» Qu'elles sont délicates et suaves, ces premières manifestations de la vocation religieuse! Tantôt, c'est une parole, une impression venue du dehors qui frappe l'attention; tantôt, c'est une lumière soudaine, un attrait discret qui agit sur les puissances intérieures; ou bien encore un ensemble de circonstances qui, en déjouant successivement tous nos plans d'avenir, nous forcent à regarder le ciel. Souvent aussi, c'est un vide mystérieux de l'âme, un besoin plus ardent de perfection, une sorte d'appétit surnaturel qu'une dose ordinaire de piété ne satisfait plus.

» En vain, on ferme l'oreille, des semaines et des mois, à cette voix troublante qui semble appeler dans le lointain, on ne sait où! En vain, on essaye de s'étourdir, de secouer cette divine obsession : elle est tenace. Et, un beau jour, il faut tomber à genoux au pied du tabernacle, *genuflexo ante eum, rogabat;* et, vaincu, on crie à Dieu : « *Magister bone, quid boni faciam*

» *ut habeam vitam æternam?* (1) Que pourrai-je
» bien faire pour vous témoigner mon amour!
» Que voulez-vous de plus?

» Vos commandements, je les connais, je les
observe.

» Ma mère, trop tôt partie, m'a initiée à la
» vie chrétienne, et la mère de ma mère, avec
» une pieuse sollicitude, m'a continué ses leçons.
» Vous servir, vous aimer, c'est de tradition
» dans ma famille. L'éducation que j'ai reçue n'a
» fait qu'affermir mes convictions et fortifier
» mes jeunes vertus. J'ai vingt ans : *omnia hæc*
« *custodivi a juventute mea!* Et, dans mes
» rêves de bonheur pour demain, je vous ai fait
» large part, ô mon Dieu!

» Au foyer qui serait le mien, votre nom serait
» béni, votre loi respectée. N'est-ce point assez?
» N'est-ce point tout?

» Pourquoi mon âme reste-t-elle anxieuse
» comme si, à l'avance, d'instinct, elle palpait
» quelque chose d'incomplet, d'insuffisant, qui
» ne la rassasierait point? Pourquoi est-elle
» ainsi sollicitée, travaillée d'aspirations qu'elle
» appréhende et qui la réjouissent : *Quid adhuc*
» *mihi deest?* (2) Quoi donc peut bien lui man-
» quer encore?

(1) *Marc.* x, 17 ; *Matth.* xix, 16.
(2) *Matth.* xix, 20.

» C'est le premier éveil, vague, imprécis, de la vocation, le premier acquiescement de l'appelée.

» Jésus alors revient à elle avec plus d'amour : *Jesus autem intuitus eum dilexit.* Il peut parler puisque tout est prêt, et que l'âme, prévenue, attentive, l'interroge et l'écoute. « *Et dixit ei :*
» *Unum tibi deest!* Voici ce qui te manque : *Si*
» *vis perfectus esse,* si tu veux la vie pleine,
» la vie vraie, la vie parfaite, sans que rien puisse
» l'entraver ni l'amoindrir ; si tu veux appliquer,
» sans retours égoïstes, toute ton intelligence
» à connaître Dieu, toute ta volonté à le servir,
» tout ton cœur à l'aimer ; si tu te sens capable
» de t'attacher à moi comme le firent jadis ceux
» que j'appelais mes amis : *Vende omnia quæ-*
» *cumque habes, et da pauperibus,* dépouille-
» toi de tout ce que tu as, au bénéfice des
» pauvres, et marche avec moi, *sequere me !* » (1)

» Vous l'avez entendue, n'est-ce pas, Sœur Lucie, cette parole aussi nette, aussi formelle qu'elle est austère : quitter tout..... tout, *omnia quæcumque habes,* et le suivre ! Car il a répondu cela, il n'y a point à en douter, « *adhuc unum*
» *tibi deest,* il te manque encore une chose : *veni,*
» *sequere me !* »

» Et, sous le coup de cette révélation, vous avez senti, en même temps, la paix qui des-

(1) *Marc.* x, 21 ; *Luc.* xviii, 22.

cendait dans votre âme et une sorte d'agonie qui envahissait tout votre être sensible *Quum audisset adolescens verbum, abiit tristis!* (1) Il s'en alla triste, l'enfant, sans courage en face du sacrifice. Car il était riche, *dives erat valde* (2).

» Et Notre-Seigneur semble excuser sa faiblesse, tant il est dur et terrible de trancher ainsi dans le vif et de s'imposer à soi-même ce dépouillement absolu que la mort seule obtient d'ordinaire, parce qu'avec elle on ne discute pas, comme on discute avec son cœur : « Ils ont bien » du mal, les riches, dit-il, d'aller tout droit au » royaume de Dieu ! » (3)

» Il s'en alla, l'enfant, triste, avec une impression de déchéance, pour retomber, après cette éclaircie d'un moment, dans le terre-à-terre des affaires matérielles qui encombrent la vie sans la remplir jamais.

» Et vous, vous êtes restée ! Vous avez dit oui ; Car on peut dire oui, n'est-ce pas, et être triste, Le cœur ne voit pas, il ne sent pas ce que l'âme saisit par En Haut ; et, quand elle chante *Alleluia*, en acceptant le sacrifice, il ne peut, lui, que murmurer, dans les larmes, un *fiat* dou-

(1) *Matth.* xix, 22.
(2) *Luc.* xviii, 23.
(3) *Ibid.* 24.

loureux, d'autant plus douloureux que, parfois, après qu'il a ainsi parlé, le divin Maître se retire, s'efface, fait silence, laissant l'âme dans un abandon glacial, comme s'il craignait de peser sur la suprême décision.

» On dirait qu'il s'en va. Il se tient à l'écart, se retournant seulement de loin en loin, aux bons moments, *conversus autem Jesus* (1), afin de ne pas la décourager tout à fait; et c'est pour respecter leur liberté qu'il garde cette réserve avec celles qu'il aime le plus; car l'amour ne prend rien de force; la moindre contrainte lui répugne.

» Saint Jean, l'ami du cœur, en parlant de sa première rencontre avec Jésus, donne à entendre qu'il a été traité de cette façon, à la fois si pénible et si délicate (2).

» Vous êtes restée! Et pourtant, chère Petite-Sœur, vous aussi, vous étiez riche; vous possédiez, comme ce jeune homme découragé, un bel avoir, *multas possessiones* (3).

» Je ne parle pas d'argent, c'est la moindre des fortunes, mais des trésors d'affection, des éléments précieux de bonheur humain, des joies de famille en perspective, dans la paix d'un

(1) *Joan.* i, 38.
(2) *Ibid.* 35.
(3) *Marc.* x, 22.

foyer chrétien, dans les labeurs d'une vie sérieuse, dans l'apostolat intime du dévouement et de la charité, tous ces biens que Notre-Seigneur énumère pour répondre à la question de saint Pierre. « Et nous qui avons tout quitté » pour vous suivre, qu'est-ce qui nous en re- » viendra? (1) — En vérité je vous le déclare, » quiconque aura sacrifié, pour me suivre, *qui* » *reliquerit patrem aut matrem* — je dis les » mots, Sœur Lucie, votre cœur les pèsera, — » *patrem*, votre père!.... *aut matrem,* votre » mère, car il est des sacrifices que l'on peut » faire deux fois!..... *fratres et sorores,* vos » frères et vos sœurs!.... *parentes,* oui, toute » la famille, celle du sang, celle du cœur!.... » *domum et agros* (2), la maison, les champs » paternels : la *Louisiane,* Ronce, Saint- » Trojan!.... puis, votre coin de mer, l'océan, » qui vous a bercée au rythme mystérieux de » ses vagues, l'océan, dont vous aimiez la chan- » son plaintive et les puissantes colères! » Car le Seigneur Jésus-Christ, comme à ses préférés, Pierre, Jacques et Jean, vous a fait ses avances « *juxta mare* (3), sur le bord de la mer » et ce qui est écrit d'eux : « *relictis retibus et patre,*

(1) *Matth.* xix, 27.
(2) *Ibid.* xix, 29; *Marc.* x, 3o; *Luc.* xviii, 29.
(3) *Matth.* iv, 18.

» *secuti sunt eum* (1), ils quittèrent pour le
» suivre leurs filets et leur père », on peut le
redire de vous.

» Voilà vos richesses, chère Petite-Sœur, *omnia
quæcumque habes !* Voilà vos renoncements !

» Comme il faut qu'elle vous aime, ô Christ
Jésus, pour ne pas reculer devant de pareils
sacrifices !

» Car ils ne sont pas insensibles, ces cœurs
passionnés de l'amour divin, élite de l'humanité,
que Dieu garde pour lui. Celles-là qui s'en vont,
c'étaient les meilleures, les plus dévouées, les
plus ardentes. Et vous ne saurez jamais, vous
qui n'avez pu les retenir, vous qui pâtissez de
leur sacrifice, ce qu'elles ont souffert, dans ces
débats intimes où la voix du sang protestait
contre l'appel d'En Haut; dans ces retours
humains, où, sans oser se l'avouer, elles en
venaient jusqu'à regretter presque, parce qu'elles
vous aimaient trop, d'être tant aimées de Dieu !

» Le monde, incrédule ou frivole, dont les
vues sont basses et les pensées vulgaires, le
monde, qui n'y comprend rien, parce que l'intelligence des choses de Dieu n'est pas donnée à
tous, *animalis homo non percipit ea quæ sunt
spiritus Dei* (2), le monde s'étonne et affecte

(1) *Matth.* IV, 22.
(2) *I Cor.* II, 14.

des airs de scandale quand il les voit donner, sur vous, au prix d'indicibles douleurs, la préférence à Dieu. Il parle d'égoïsme, d'exaltation, de folie !

» Mais, après tout, que font-elles, ces fiancées du Christ, que ne fassent, tous les jours, les autres fiancées ! Si elles vous quittent, c'est à la façon de l'épousée qui laisse sa famille, non pour s'en séparer, mais pour contracter, avec un homme, l'union dans laquelle elle a pressenti le bonheur de sa vie.

» Est-ce qu'on a seulement l'idée de la blâmer ?

» Regardez, écoutez : elle est fière, radieuse ; et les siens, ceux qu'elle quitte, la félicitent à l'envi !

» Pourquoi donc, mes Sœurs, n'auriez-vous pas, comme les autres, la même liberté pour contracter votre divine alliance ? Disputerait-on à Dieu l'amour que l'on ne songe pas à disputer aux hommes ! »

. . . . . . . . . . . . . . . . . . .

Il y a, pour ces noces mystiques, une corbeille de mariage.

Quand la postulante a quitté sa parure mondaine, qu'elle s'est dépouillée de ses bijoux, qu'on lui a coupé les cheveux et qu'elle revient, en robe sombre de bure, s'agenouiller au pied de l'autel, le célébrant lui donne le voile blanc des novices, symbole de recueillement et de modestie ; une ceinture de cuir, pour ceindre ses reins en signe de mortification et de chasteté ; un grand rosaire qu'elle portera ostensiblement, toujours à portée de sa main, pour la ramener sans cesse à la prière ; puis, après qu'elle s'est longuement prosternée sur le pavé, il lui met sur la tête la couronne des vierges, une couronne de roses, présage du triomphe futur ; et, pendant que l'on chante le psaume « *Ecce quam bonum....,* qu'il fait bon, Seigneur, habiter ensemble, en famille, dans votre maison !* » elle s'en va, avec un flambeau ardent, emblème de sa charité, recevoir le baiser de paix des Sœurs.

Une de ses compagnes a écrit, un an après, que « jamais elle n'avait vu une physionomie illuminée de joie surnaturelle comme, ce jour-là, le visage de Sœur Lucie. » (Sr R.)

On pourrait écrire, sur la porte du noviciat, l'invitation de Notre-Seigneur à ses deux premiers disciples :

« Venez et regardez ! »

Il y a, dans une vocation, l'appel d'En Haut et la réponse d'en bas : ce que Dieu y met, ce qu'il attend de l'élue.

La vocation de saint Jean et de saint André est typique, à ce point de vue. Cette action géminée de Dieu et de l'âme y est nettement indiquée.

Jésus, qui avait des vues sur eux et qui les

attendait, passait à l'écart, le dos tourné, sans paraître s'occuper d'eux, lorsque leur Maître, le Baptiste, leur dit : « Voici l'Agneau de Dieu ! C'est lui, il vient pour vous. » C'est la révélation lumineuse de la vocation, qui se fait sous des formes diverses, avec ou sans interventions humaines, mais, presque toujours avec une extrême réserve de la part de Dieu. Il agit, mais il se tient dans l'ombre, pour ne pas peser sur la résolution de l'appelée.

Sitôt que les jeunes gens se sont levés pour aller vers lui, Jésus se retourne et leur dit : « Qu cherchez-vous ? — Nous voulons savoir où vous demeurez, où l'on vous trouve. »

C'est le postulat, la démarche initiale, le premier pas, la première instance.

« Venez et voyez ! » Ils allèrent donc et ils virent. Ils allèrent dans sa maison et ils virent comment il vivait.

C'est le noviciat. On y va pour se rendre compte, pour expérimenter le régime, étudier la règle, s'exercer à la discipline.

L'Evangile ajoute : « Ils restèrent avec lui. »

C'est la profession. Quand on a bien vu, on s'engage par les vœux.

Sœur Lucie en était à la deuxième étape.

Elle entrait à l'école de la vie religieuse, pour y apprendre la technique d'abord, pendant un an, dans la solitude, afin de former Marie à la vie intérieure; puis, la pratique, en seconde année, à la mission, au dehors, auprès des malades, afin d'initier Marthe aux travaux de l'apostolat.

Mais, la force cachée, le feu qui actionne tout le mouvement du noviciat, c'est cette perspective de l'apostolat, ce désir brûlant de la mission.

Car elle a ses voix, la Petite-Sœur novice, comme le poète, l'artiste, le soldat, comme tous ceux qui poursuivent un idéal, comme le marin à la recherche des mondes nouveaux, comme le savant qui scrute les mystères de la nature; elle a ses voix qui l'appellent et qui la pressent. « Viens, laisse tout, tes affections, tes rêves de vingt ans! Viens, donne ton cœur, à moi d'abord, puis, pour l'amour de moi, à ceux qui souffrent, aux pauvres que l'on oublie, que l'on dédaigne, deux fois malheureux, de leur misère d'abord, puis des misères qu'on leur fait! Viens! Tu soulageras leurs souffrances, tu leur montreras la croix, tu leur parleras du ciel! Tu les aimeras : il faut un peu d'amour à ces vies sans joies, qui n'ont rien de bon à attendre de la terre! »

Et elle est accourue, la Petite-Sœur, impatiente d'entrer au service des pauvres. Et voilà qu'on l'arrête au noviciat, pour la cloîtrer comme

une moniale, pour lui parler d'elle-même, pour
la plier à l'abnégation, à l'obéissance, pour lui
apprendre à concentrer ses énergies, à coor-
donner ses efforts, à surnaturaliser ses vues,
avant d'agir. Et, tout en comprenant la nécessité
de ces délais, elle en souffre. Mais elle se console
de n'aller point encore à la mission, en y pensant
toujours, en en parlant sans cesse.

Sœur Lucie ne se rassasiait pas d'entendre
parler de la mission. Elle y ramenait volontiers
la conversation. Elle interrogeait les Sœurs,
avide de savoir.

Quand elle avait été retenue par quelque
emploi, son chagrin était qu'on ait abordé ce
sujet captivant, en son absence. Elle se faisait
raconter alors tout ce qu'on avait dit.

Elle était ravie d'aller aux récréations de la
grande communauté, « parce que, disait-elle, on
y parlera de la mission ». Car, souvent, on
priait une Sœur, tantôt l'une, tantôt l'autre, de
faire un petit compte rendu de sa journée ; et
les histoires, de belles histoires vraies, naïves
parfois, émouvantes toujours, tombaient fraîches
et vivantes des lèvres de la Sœur. Elle contait
les surprises, les joies, les déceptions aussi de
ses explorations apostoliques dans les faubourgs.
Elle redisait les objections des fortes têtes, les
répliques ou l'embarras de la petite servante

missionnaire. En sorte que la communauté tout entière bénéficiait de l'expérience de chacune.

La conférencière improvisée montait sur un escabeau, pour être mieux entendue de l'assistance.

Aussi, lorsqu'elle voyait préparer ce petit banc :

— Quel bonheur, disait Sœur Lucie, les yeux brillants de joie, on va parler de la mission !

Souvent elle ajoutait :

— Que je serai heureuse, plus tard, lorsque je monterai à mon tour sur cet escabeau !

« Un soir, au noviciat, dit une Sœur âgée et infirme, on avait mimé une scène de mission : une Petite-Sœur aux prises avec un malade. Sœur Lucie ne perdait ni un mot ni un geste. Elle avait les mains jointes appuyées sur le bras de mon fauteuil et je la vis trembler lorsque le malade repoussait la Sœur, sourd à ses exhortations.

» — O mon Dieu ! soupirait-elle, comme si le drame eût été véritable.

» Quand ce fut fini, elle avait les yeux pleins de larmes et elle me dit :

» — Comme c'est saisissant !..... Et c'est si vrai !..... Quelle belle vie que la nôtre ! Quel bonheur d'être entrée ici ! Ne trouvez-vous pas, ma Sœur, que, pour une telle mission, il faut que nous soyons des saintes ? Nous avons tous les moyens sous la main, et j'en profite si peu !

» Elle était étonnamment sérieuse en disant cela ; elle répéta :

» — J'en profite si peu ! Pourtant je veux être une vraie Petite-Sœur. » (Sʳ X.)

On a relevé, parmi vingt autres, cette pensée, sur les feuilles où elle résumait à la hâte ses méditations :

« J'ai réfléchi au bonheur qui m'attend dans la mission et à la nécessité de commencer, dès maintenant, mon apostolat en priant beaucoup pour la conversion des pécheurs : j'offrirai pour eux les souffrances et les humiliations de chaque jour. »

Lorsqu'elle fut un peu rompue à la vie du noviciat, on lui imposa la mortification d'aller demander, aux autres novices, quels défauts elles avaient remarqués en elle.

Elle a pris note de ces observations, pour en faire son profit. Toutes se ramènent à ceci : manque de calme et de pondération dans son extérieur : « Je fais trop de bruit. — Trop de mouvements de tête en marchant. — Je ne suis pas assez calme. — Il y a du laisser-aller dans ma démarche. — J'ai encore une tenue mondaine. — Je manque facilement au silence. — Il y a trop de vivacité dans mes paroles, aux récréations. — Je donne trop facilement mon avis, quand on ne me le demande pas. — Je réponds, aux exercices, lorsqu'on interroge une autre. — Mes manières ne sont pas assez religieuses. — Je suis brusque. — Je fais du bruit, avec mes talons, en marchant, etc... »

Ce sont les mêmes défauts qu'on lui reprochait au postulat. Elle s'était corrigée déjà, mais pas autant qu'il l'aurait fallu.

Sur son petit cahier, l'écho revient de ces monitions fraternelles : « Je prends la résolution de fermer les portes sans bruit et de marcher posément, jusqu'à ce que j'en aie acquis l'habitude. — J'ai encore manqué au silence en marchant trop fort. »

Pendant une retraite que prêchait le P. G., qui avait été chanoine, elle disait, en souriant, à ses compagnes : « Voyez donc, il est chanoine et il marche sur la pointe des pieds; et moi, qui ne suis que novice, je marche sur mes talons. »

On a dit que, « si la vanité est de petite taille, elle fait du bruit avec ses talons. » Chez Sœur Lucie, ces allures trop larges, trop brusques, trop bruyantes, n'avaient pas d'autre cause que l'expansion d'une belle nature, ardente et spontanée, qui se donnait généreusement, tout d'une pièce, ou bien encore qui prenait, à certains jours, un élan plus violent pour ne pas reculer, quand l'effort lui coûtait davantage.

Ses sœurs, d'ailleurs, ne s'y méprirent pas. « On ne lui voyait jamais des airs compassés, disaient-elles, parce qu'elle ne craignait pas de paraître telle qu'elle était. » Vive, alerte, très souple et très adroite, prête toujours à l'action, elle allait droit devant elle, si naturellement qu'il ne venait à personne l'idée qu'elle pouvait se complaire en elle-même et qu'elle cherchait à se mettre en avant.

On la sentait si droite, si simple en toutes choses, que ces légers écarts des premiers temps, loin descadaliser, édifiaient plutôt.

Trop sincère pour ne pas savoir qu'elle était bien douée, elle disait merci à Dieu, sans faire parade de ses qualités.

Elle a donc eu de la peine à se plier au silence d'action. Mais son mérite est d'autant plus grand d'y avoir, à la fin, réussi.

« Surprise de la trouver près de moi sans que je l'aie entendue venir : « Je n'avais pas » reconnu votre pas ! lui dis-je. — Pour une » fois, n'est-ce pas, que je marche doucement, » cela vous étonne ; mais j'y arriverai. » (Sʳ M. de la P.)

On lui avait permis de faire une pénitence publique quand elle n'aurait su réprimer « son rire mondain ». Elle s'oubliait de temps en temps. Lorsqu'on racontait quelque histoire gaie, c'était son rire clair qui dominait. Aussitôt, elle faisait sa pénitence. « Dire qu'on me demande si peu et que je ne sais pas le donner ! » (Sʳ R.)

Ses petits cahiers, d'aspect minable, faits de
papiers de rebut, de déchets d'imprimerie, par
esprit de pauvreté, sur lesquels elle devait
analyser très rapidement, comme les autres, ses
oraisons, pour permettre à la maîtresse des
novices d'adapter plus sûrement sa direction
aux difficultés de chacune, vont nous fournir
désormais, avec les notes des novices, notre
meilleure documentation.

Elle écrivait peu sur elle-même. Il lui répugnait
d'étaler ses impressions, comme si elle craignait
de s'y complaire. Ses notes sont nettes et concises. Elles rendent le son franc d'une âme loyale.
Il semble, à en feuilleter les pages, que l'on
assiste au travail intime de la grâce en elle.

« Je suis heureuse de me trouver au noviciat,
puisque c'est là qu'on fera de moi une vraie Petite-
Sœur de l'Assomption. Dans cette formation,
ma Mère, vous avez besoin de me connaître. Je
serai donc toujours simple et confiante avec
vous, afin que vous puissiez me reprendre et
me corriger. » (R. de c., 6 mars 1896.)

« Me voilà habituée, et désireuse de me
mettre, de tout cœur, au travail de ma perfection. » (R. de c., 12 mars.)

« J'ai considéré, ce matin, Notre-Seigneur
silencieux devant Pilate, et j'ai pensé que je
n'imitais guère cet exemple, moi, si prompte
à parler et à m'excuser. J'ai réfléchi que, tout

en cherchant à édifier le prochain, je ne dois
pas m'inquiéter de la façon dont il me juge,
puisque Dieu, lui, me connaît telle que je suis. »
(R. de c.)

« Cela va bien, car j'ai la volonté ferme de
devenir meilleure, et ce désir n'a pas varié un
instant, depuis mon entrée au postulat. C'est
lui qui me soutient, en me gardant du découragement et de la présomption. » (R. de c.)

Elle revient fréquemment sur des résolutions
de ce genre : « Ne rien dire, ne rien faire qui
me mette en avant — accepter humblement les
observations — ne me louer ni intérieurement
ni extérieurement. »

Elle va au-devant des observations.

« Je vous en supplie, ma Mère, ne m'épar-
gnez pas. Aidez-moi à briser ma volonté
propre. » (R. de c.)

« Je remarque que j'ai plus de peine à
accepter les remontrances lorsqu'elles sont rares.
Il est vrai, comme vous me le disiez hier, que
la façon dont je les reçois engage peu à les
renouveler. Mais, je vous en prie, que mon
amour-propre ne vous arrête pas, car je suis
bien sûre de n'arriver jamais à l'humilité qu'à
force d'humiliations. » (R. de c.)

Elle ne s'y dérobe pas. Elle avoue, comme une
enfant, ses moindres fautes.

« Je n'ai pas grands progrès à constater sur

la pauvreté. Samedi, j'ai renversé un vase d'eau sur une nappe d'autel. J'ai fait un grand accroc à mon tablier. » (R. de c.)

« Hier, par étourderie, j'ai enfermé quatre Sœurs à la chapelle. » (R. de c.)

« Je veux que mon détachement soit complet. Je suis prête aux sacrifices que vous demanderez. Je tiens surtout à mon chapelet et à mon *Imitation*, qui sont pour moi des souvenirs du cœur. Je les échangerai avec d'autres, quand vous le voudrez. Je sens que je serais capable de limiter ma générosité. Arrachez donc, démolissez, nivelez ! J'en souffrirai; mais j'accepte la mort du grain de blé dans le sillon, en vue des moissons futures. » (R. de c., 12 mars 1896.)

Et tout cela se faisait, non par ordre, mais spontanément, sur un avis général, sur un simple conseil donné en conférence.

On ne lui avait rien arraché des mains, mais, au bout de quelques semaines, elle n'avait plus rien de ce qui lui tenait le plus au cœur, ni chapelet, ni *Imitation*, ni aucun de ces petits objets personnels, qui composent le trousseau modeste d'une Petite-Sœur.

Elle avait bien cru, en les emportant de là-bas, les garder toujours, parce qu'ils lui venaient de ceux qu'elle avait le plus aimés et que la règle les autorisait : un jour, elle les avait portés, sans rien dire, sur la table des holocaustes, pour reprendre, dans le tas, des objets pareils, sacrifiés, comme les siens, par les autres novices, mais qui devenaient, en ses mains, muets, tout froids, anonymes et sans histoire.

« J'étais édifiée, écrit une Sœur, de lui voir abandonner aussi simplement certaines choses dont elle m'avait dit, au postulat, que jamais elle ne s'en séparerait. » (S<sup>r</sup> J. du C.)

« Je lui montrai son couteau qui m'était échu dans les dépouillements : « Y teniez-vous ? lui » dis-je. — Si j'y tenais ! C'est mon père qui » me l'avait donné. — Vous savez, il épluche très » bien les pommes de terre, chez les pauvres. » — Oh alors, fit-elle, avec ce geste de joie qui » éclairait toute sa physionomie, tant mieux ! » (S<sup>r</sup> M.-E.)

La maîtresse des novices avait trop conscience de ce que pouvait donner une âme comme celle-là, pour ne point veiller, de très près, à sa formation. Elle avouait que les occasions de la reprendre étaient si rares, qu'elle cherchait des prétextes, à défaut de raisons; qu'elle les provoquait même, pour l'éprouver.

Dans un de ses comptes rendus, Sœur Lucie avait fait cet aveu : « Vous allez rire, ma Mère, si je vous dis qu'en entrant chez les Petites-Sœurs, j'appréhendais d'être, un jour ou l'autre, employée à la cuisine. Maintenant que je vois plus clair, je ne redouterais plus autant cet emploi, si je savais devoir m'y sanctifier plus sûrement qu'en allant chez les pauvres. »

Le soir, elle trouvait cette réponse sur son petit cahier : « Je sais que, depuis longtemps, on rêve, pour la cuisine, une Sœur vraiment capable. Votre appréhension, qui ne peut provenir que de la crainte des responsabilités, m'est une lumière; et, maintenant que vous êtes dans l'abandon absolu, vous n'allez plus dissimuler vos aptitudes à cette charge où vous pourrez rendre, un jour, d'immenses services à votre famille religieuse. »

Une autre fois, ce fut à propos des coulpes, ce vestige vénérable de l'antique confession publique, qu'il ne faut pas confondre avec l'ouverture de conscience défendue par l'Église. On n'y doit accuser, devant la communauté, que les manquements extérieurs à la règle et non les fautes intimes, qui sont du domaine strict de la confession.

Or donc, dans une conversation hors de propos, en un temps de silence, avec une novice, quelques réflexions avaient été faites sur une religieuse.

Huit jours après, à la coulpe, Sœur Lucie s'accusa d'avoir manqué au silence.

L'autre, timorée, scrupuleuse, son tour venu, grossissant la faute, s'accusa d'avoir médit.

La supérieure, au courant de l'affaire par l'aveu préalable et spontané de la novice, trouvant là une occasion qu'elle attendait en vain, depuis longtemps, d'éprouver la vertu de Sœur Lucie, crut devoir faire ce que systématiquement, d'ordinaire, on évite, elle insista :

— Avec qui?

Silence de la novice, qui ne veut pas dénoncer une compagne, et qui ne le doit pas; car la coulpe est essentiellement personnelle.

— Celle qui se sent coupable, si elle était vraiment humble, se ferait connaître tout de suite, dit la supérieure.

Sœur Lucie, convaincue qu'il s'agit d'une tout autre histoire, n'a pas le moindre soupçon que cette instance la vise. Elle est même impressionnée du mutisme de celle qui est en cause.

— Ne la connaîtriez-vous pas, Sœur Lucie ?

Ce fut un trait de lumière. Elle eut la perception nette de l'équivoque, du malentendu; elle vit qu'il s'agissait bien d'elle. Elle en eut grande confusion, mais ne chercha point à s'excuser devant ses compagnes.

En son compte rendu, elle écrit :

« J'ai un véritable regret, ma Mère, de la mauvaise édification qu'a donnée ma conduite. L'idée ne m'est pas même venue que je pouvais être en cause. En cette circonstance, je n'ai pas eu la pensée, encore moins la volonté, de manquer à la charité, et je ne crois pas l'avoir fait. J'ai gravement manqué au silence et je m'en suis accusée. Si j'avais eu un doute seulement sur autre chose, croyez bien que je n'aurais pas attendu jusqu'aujourd'hui pour vous le dire. »

La supérieure, qui n'avait pas douté un instant de sa loyauté, lui répondit :

— Répétez ce que disait notre vénérée Mère : « Mon Dieu, je vous remercie, aujourd'hui, de ce que vous m'avez humiliée hier. »

Il arrivait aussi qu'à vouloir l'humilier, on mettait ses qualités en lumière.

A la coulpe encore, elle avait parlé trop vite, sans être interrogée, pour une autre qui était embarrassée.

Du tac au tac, la supérieure lui dit, en descendant de sa chaire :

— Sœur Lucie, puisque vous avez besoin de parler, prenez donc ma place et présidez l'exercice.

Et comme elle souriait, un peu confuse sous la leçon, sans bouger, la supérieure tint bon.

— C'est sérieux, dit-elle. Vous ne savez pas vous taire, montrez que vous savez obéir.

Alors, résolument, notre Petite-Sœur monta dans la chaire ; et, avec une aisance, une sagesse, une discrétion et une fermeté qui charmèrent tout le monde, elle fit à chacune des novices, selon la coutume, l'observation qui convenait, sans en froisser aucune.

« Que voulez-vous, disait-elle après, quand j'ai vu qu'il fallait obéir, j'ai pris mon courage à deux mains et i'ai fait de mon mieux. »

C'est peut-être encore dans l'intention de l'éprouver qu'on la chargea, sous la direction d'une professe, de la sacristie. Car cette Sœur passait pour être stricte et sévère, et la sacristie était réputée une excellente école de patience.

« Si la charge est belle, lui disait-on, elle n'est pas sans épines, vous aurez du mérite. — Oh! oui, répondit-elle, en aiguillant tout de suite l'allusion sur une autre voie, il m'en coûtera surtout de perdre mes récréations; j'avais tant de plaisir à entendre parler de la mission. Mais qu'est-ce que cela fait! Puisque le bon Dieu m'envoie là, j'y mettrai tout mon cœur. » (Sr F.-E.)

Au bout de quelques jours, elle confiait tout haut sa joie d'avoir une fonction à la chapelle et de travailler si près de Notre-Seigneur. Mais elle avoua aussi qu'elle avait eu peur d'avance :

« Si je vous disais que je craignais d'être sacristine! Tandis que maintenant, je suis si heureuse que j'aurai une vraie peine quand il me faudra quitter cet emploi. » (Sr M. d. J.)

Elle évitait scrupuleusement de parler de

ses petites tribulations de sacristine. Elle y fit allusion une fois, pour réconforter une novice employée à l'infirmerie, qui se décourageait trop du souci que lui causait son service :

« Moi aussi, j'ai des difficultés, mais nous sommes toutes deux favorisées. Et puis, le mérite n'augmente-t-il pas avec la peine? » (S<sup>r</sup> M. de la P.)

Elle regarda toujours sa charge comme un privilège. Elle s'en acquittait avec un zèle et une ponctualité qui défiaient les contrôles les plus minutieux. Son esprit de foi, sa piété surtout s'y mouvaient à l'aise.

« Quelle modestie dans ses allées et venues à la chapelle! Nous avions beau nous presser, le matin, nous étions sûres de l'y trouver déjà en prière ou préparant son autel. » (S<sup>r</sup> M.-A.)

« Du jardin, elle me montrait la clarté vive de la lampe du sanctuaire : « Notre-Seigneur » est là-bas tout seul, dit-elle, mais ma petite » lampe lui parle de moi, en son langage muet. » Chaque fois que je la garnis, je pense que je » dois me renouveler sans cesse dans son amour, » afin de vivre toujours pour lui. » (S<sup>r</sup> ***.)

Si l'on en croyait la Sœur qui avait la haute main sur la sacristie, la réputation qu'on lui faisait aurait bien été un peu justifiée; et rien n'est touchant comme la façon dont elle raconte elle-même, avec l'exagération que le cœur met toujours dans ses regrets, au lendemain d'un deuil, « ce qu'elle a fait souffrir à Sœur Lucie », car chaque mot trahit sa propre humilité, en exaltant la vertu de « sa victime ».

« J'étais trop exigeante. Je la reprenais pour des minuties, d'un ton brusque, et souvent sans raison. Elle ne répondait jamais autrement que par un sourire affectueux et réconciliant, que nous connaissions si bien, disant simplement : « Ma Sœur, je ferai plus attention. »

» Elle se serait tuée de travail, si je l'avais laissée faire. Mais elle était d'une docilité parfaite, au premier signe, quoique cela lui coûtât beaucoup ; et son attitude, sa soumission simple et digne me calmaient.

» La veille des fêtes ou pendant le mois de Marie, on avait besoin de renfort pour transporter des fleurs, aller chercher de l'eau, descendre des tapis, etc. ; quelques novices venaient nous aider, mais pendant qu'elles relevaient leur robe et passaient leurs manchettes, Sœur Lucie avait déjà fait plusieurs voyages.

» Je me plaignais souvent de la lenteur des autres. Alors elle venait me dire à l'oreille : « Oh ! ma Sœur, laissez-les donc aller à la récréa- » tion ; je puis faire la besogne toute seule. »

» Ces sacristines improvisées faisaient de leur mieux, et pas toujours très bien. Je m'en prenais à notre Petite-Sœur, lui reprochant les maladresses des autres. Rien de plus facile que de se justifier ! Mais elle me laissait dire, sans jamais s'excuser. Elle se mettait tout de suite à refaire les choses, comme si vraiment elle eût été coupable. Si, au contraire, j'en grondais une autre, elle l'excusait en disant : « C'est ma faute, » j'aurais dû lui montrer. »

» Quand j'arrivais mécontente et que je lui demandais d'un ton fâché : « Qui a encore fait » cela ? » elle évitait de trahir l'étourdie ; et, d'un tour de main, elle remettait tout en ordre, en détournant mon attention, pour que je n'insiste pas.

» Ou bien encore, si elle devinait, à ma mine seulement, que ses arrangements ne me plaisaient qu'à moitié, elle recommençait tout l'ouvrage avant que j'aie dit un mot, sans défendre jamais sa manière de voir.

» Et quand j'hésitais à entreprendre quelque chose, sous prétexte que cela donnerait trop de mal, elle m'encourageait, bien que la peine fût surtout pour elle. « Si c'est mieux, disait-elle, » il faut le faire, puisque c'est pour le bon Dieu. »

» Que de fois j'ai dû lasser sa patience par mon indécision ! Je ne savais à quel plan m'arrêter ou je changeais d'avis après qu'elle s'était déjà mise à la besogne. Elle ne se déconcertait pas du « presque impossible » que je lui demandais souvent. Mais alors, doucement, elle me ramenait, par quelque réflexion calme et sensée, à la solution la plus raisonnable. « Ma Sœur, disait-elle, » asseyez-vous là et expliquez-moi bien ce que » vous voulez. Vous verrez que nous arri-» verons. »

» Combien c'eût été plus simple de lui laisser l'initiative ! Elle avait tant de goût ; elle était si pratique ! Quand je la consultais, tout allait bien ; car, sitôt qu'elle parlait, on voyait clair.

» Elle ne se familiarisa jamais avec la chapelle, comme il arrive trop facilement aux sacristines. Elle prenait un air grave et réservé dès qu'elle approchait de l'autel. Elle comptait ses mots pour n'en pas dire d'inutiles ; et, si je m'oubliais à parler trop haut, elle avait une façon de me répondre très bas, qui me rappelait tout de suite la présence de Dieu.

» Rien n'était trop beau pour la chapelle, et je dus, au début, lui faire comprendre que la piété ne devait pas étouffer la pauvreté.

» Elle jetait, de son geste large, les fleurs à peine défraîchies. Je vois encore ses grands yeux étonnés quand je lui dis qu'il fallait les reprendre une à une, les éplucher soigneusement, les redresser, essuyer les feuilles afin de les faire durer quelques jours de plus. « Pour le coup, dit-» elle, c'est de la pauvreté ! » Puis, après avoir réfléchi un moment : « J'espère tout de même » que le bon Dieu sera plus content de notre pau-

» vreté que de nos fleurs fanées. Mais, puisque
» vous le dites, je le fais de bon cœur. »

Loin de l'arrêter, ces petites tribulations, qui déconcertent les natures enthousiastes et molles, ne faisaient que l'engager plus avant dans la voie de perfection, où sa foi virile l'entraînait. Car, dans la mesure où l'âme se déprend de l'égoïsme, la grâce la pousse en haut.

Dès lors qu'elle travaillait à mettre sous ses pieds son amour-propre, et, dans la main de ses supérieurs, sa volonté indépendante, elle était reconnaissante qu'on l'y aidât, estimant qu'il y avait profit pour elle à être humiliée et contredite.

Les larmes lui montaient bien aux yeux quand le coup était plus rude ou la leçon plus mortifiante. Mais il ne tombait de ses lèvres ni une réplique pour protester, ni une excuse pour se justifier. Coupable ou non, elle se soumettait, acceptant la leçon ou le sacrifice.

Elle portait cette générosité en tout, car elle s'en était fait une loi, en entrant au noviciat :

« Je ne reculerai pas devant la croix, dût-elle être lourde. J'ose presque dire que je la désire. Je l'aimerai, et peut-être un jour la trouverai-je douce. » (1)

_______

(1) Lettre, avril 1896.

Sainte Thérèse disait : « Mon Dieu, je veux aimer votre volonté : la faire ne suffit pas à mon désir. »

« Ces lumières-là, lui répondait-on, ces impulsions sont des grâces de choix. Allez sans crainte. Tel est bien le travail essentiel du noviciat, que rien ne supplée, que rien ne remplace. C'est la base de votre vie religieuse ; c'en est la garantie ; « si le grain meurt dans le sillon, *multum fruc-* » *tum affert.* »

» Notre-Seigneur, qui vous a choisie entre mille, qui vous a amenée là, attend cela de vous. Il est l'hôte assidu, le maître préoccupé, l'ami anxieux de votre noviciat.

» Si elles voyaient de leurs yeux combien est fécond le travail obscur et caché qui se fait au noviciat, l'enthousiasme et la joie soulèveraient les novices. Mais les yeux ne voient rien. Mille détails semblent inutiles à l'âme qui en souffre ; et, comme sur un chantier de construction, à l'époque des premiers travaux si ingrats et si déconcertants, lorsqu'on creuse des fondations, ceux-là seuls qui ont l'expérience et les plans en main s'y reconnaissent.

» Livrez-vous donc, chère Petite-Sœur, avec un joyeux et intelligent abandon, à vos supérieurs à qui Dieu a confié la tâche si délicate d'établir les fondements de votre vie religieuse. Laissez démolir, déblayer, niveler, puis creuser des trous mystérieux, dans lesquels on entassera de grosses pierres qui sembleront perdues.....

.    .    .    .    .    .    .    .    .    .    .    .    .    .

» La croix du calvaire, c'est celle de Jésus. La vôtre est là, dans les épreuves et dans le régime même du noviciat. » (1)

La croix, ce n'est pas seulement la souffrance aiguë ni la contradiction qui secoue, qui heurte : c'est tout ce qui crucifie.

L'ingérence obsédante des supérieurs, de l'autorité, de la règle, qui pèse sans répit, sans détente sur votre volonté; cette contrainte perpétuelle, ce contrôle incessant qui ne doivent point étouffer l'initiative, mais qui la subordonnent et la mortifient; ce martyre lent de l'obéissance, qui prend toute la vie, par lambeaux si menus que la plaie saigne à peine et qu'on n'en meurt jamais; cette constante abnégation de soi-même, après qu'on a renoncé à tout, c'est encore et c'est toujours la croix, plus accablante que l'autre, parce que, celle-là, on ne la pose jamais à terre.

« Vous connaissez trop bien mon caractère indépendant, écrit Sœur Lucie, pour supposer qu'il ne soit prompt à regimber souvent. Je prends à tâche de le briser par l'obéissance,

_______________

(1) Lettre, avril 1896.

en me pliant à toutes les prescriptions de la règle. » (1)

Cette pensée revient sans cesse, comme un refrain, dans ses résumés de méditation. L'expression varie, le motif diffère : tantôt, c'est par humilité; tantôt, par mortification; mais l'objectif est le même. Elle y tend avec une énergie qui ne se dément pas.

« J'ai pensé qu'au couvent le démon doit s'efforcer de faire négliger les petites choses, afin d'amener à négliger les plus importantes, et j'ai pris la résolution d'observer, avec vigilance, toute la règle et les moindres détails de mon emploi. » (R. de c., 10 mai.)

« J'ai pris la résolution de ne rien omettre de mon devoir aujourd'hui » (12 juin), — d'être exacte à tout, cette semaine (19 juin), — de ne pas perdre une minute (10 juillet), — d'obéir au premier signal (21 juillet), — d'accepter les observations sans laisser paraître de mécontentement (5 août), — d'acquiescer intérieurement à tout ce qui me sera demandé (2 octobre), — de saisir toutes les occasions de rendre service » (23 novembre).

Voilà le secret de son attitude et de sa générosité. Voilà comment sa vie de communauté se rattachait à sa vie intérieure.

(1) Lettre, mai 1898.

Elle a inscrit, sur son carnet, cette pensée :
« La vertu dans les petites choses ne se pratique
pas sans souffrance. »

Dès le premier instant du jour, elle se jetait,
à corps perdu, dans l'obéissance : la première
debout, au réveil, bien qu'elle fût dormeuse !

« J'ai à lutter, écrit-elle, contre ce diable dor-
meur, qui s'embusque dans l'oreiller pour retenir les Sœurs au lit, après la cloche, et qui les
poursuit jusqu'à l'oraison. »

Elle s'était fait, de cette parole de saint Paul :
*Exsurge, qui dormis, et illuminabit te Christus !*
qu'elle traduisait ainsi : « Debout, dormeuse, et
le Christ t'illuminera ! » un talisman contre cette
torpeur embuée du matin.

Toujours prête la première et descendue
à la chapelle avant les autres, au point de susciter une émulation parmi ses compagnes !
« J'ai souvent essayé de la devancer sans jamais réussir. » (Sʳ E.) « Je ne suis parvenue
qu'une fois, dit une autre, à descendre en même
temps qu'elle. » (Sʳ ***.)

La première aux exercices, ponctuelle, fidèle
aux plus minimes observances, par esprit de
foi, pour obéir, pour se mortifier !

Elle prenait tellement à cœur les recomman-
dations des supérieurs que c'était pour elle
une souffrance de voir l'une ou l'autre de ses
Sœurs, par légèreté ou négligence, désobéir.

« Indulgente, elle excusait facilement, « faisait » celle qui ne voit pas ». Mais, quand cela allait trop loin, elle regardait celles qui s'oubliaient, avec des yeux suppliants. » (Sr M.-H.)

« Un soir que nous étions seules toutes ensemble, à un exercice, sans professes, il arriva que plusieurs échangèrent quelques mots; — la nature a si tôt fait de reprendre le dessus! — on parlait un peu entre soi. Elle se pinçait les lèvres, et je l'entendis dire tout bas, comme à elle-même : « Est-ce possible, après qu'on l'a si bien promis! » Et des larmes étaient dans ses yeux. » (Sr Y.)

« Quelquefois, elle ne pouvait se retenir de faire un signe, pour rappeler à l'ordre celles qui s'oubliaient; mais, avec tant de tact et de douceur, qu'on ne pouvait faire autrement que de lui obéir, même sans s'en apercevoir. » (Sr M. M.)

« Faisons attention, disait-elle, n'oublions pas ce qu'on a recommandé. Ce doit être si pénible à notre Mère de faire toujours les mêmes observations! » (Sr R.)

» Elle était vraiment, comme on l'a dit, *la Règle vivante;* et, l'habitude était prise, lorsqu'on hésitait, de la regarder pour savoir ce qu'il fallait faire, en sorte que, sans qu'elle s'en doutât, elle exerçait autour d'elle un réel ascendant. » (Sr E.-M. A. — Sr M. de la P.)

A mesure qu'elles arrivaient au noviciat, ses compagnes de postulat, qui l'avaient connue quelques mois auparavant, la trouvaient plus parfaite, « aussi simple, mais plus vertueuse, plus recueillie encore » (S$^r$ M. de J.) ; « plus charitable encore qu'autrefois ; d'une abnégation vraiment héroïque et plus surnaturelle. » (S$^r$ B.)

« A chaque retraite mensuelle, on constatait le progrès qui se faisait en elle. » (S$^r$ M.-A.)

Combien différent le jugement qu'elle portait sur elle-même !

Elle se reprochait, en ce temps-là, de n'être encore qu' « un fantôme de religieuse », « susceptible avec le prochain et si peu minutieuse au service de Dieu. » (R. de c.)

Elle est humiliée « de ne savoir rien supporter sans souffrir dans son amour-propre, d'être si personnelle, toujours lâche et peu mortifiée. » (R. de c.)

« Ma sensibilité crie à la moindre piqûre. » (R. de c.)

« Cinq mois déjà passés, et je ne constate aucun progrès dans la vertu. » (1)

« Mes désirs de perfection sont plus en paroles qu'en actes. Il me reste tant à faire ! » (R. de c.)

Dans la vie spirituelle, du seul fait qu'ils se

_______________

(1) Lettre du 27 juillet 1896

sont mis en marche, les débutants ont facilement l'impression qu'ils progressent.

Mais la foi s'avive en même temps que l'amour; et, à mesure que la clarté grandit, l'âme voit plus loin, elle regarde plus haut; elle se connaît mieux; elle se sent plus chétive, plus impuissante; elle découvre en elle-même des misères qui ne l'avaient pas frappée jusqu'alors, comme on découvre tout à coup les impuretés insoupçonnées de l'air qu'on y respire, sitôt qu'un rais de soleil a filtré dans une chambre close.

Ce n'est pas son infirmité qui a augmenté, c'est sa conscience plus sensible et plus sévère qui, la percevant mieux, en souffre davantage; et alors, « ce qui lui reste à faire » la préoccupe tant qu'elle compte pour rien ce qu'elle a déjà fait et s'imagine avoir plutôt reculé.

Il s'en faut que cette impression soit un symptôme alarmant. Elle révèle, au contraire, un amour plus délicat et plus clairvoyant. En sorte que, plus elle se croyait loin du but, plus elle mettait d'insistance et de sincérité dans ces aveux d'imperfection, mieux Sœur Lucie trahissait sa vertu.

« J'ai encore grand besoin du noviciat, dit-elle à une Sœur, et j'y reste volontiers. J'aurai du regret de le quitter, surtout parce que je n'en ai pas assez profité. »

Elle s'y plaît. « Il y aura un an, vendredi, que

j'arrivais ici. Vous pouvez en remercier Dieu avec moi, car je me sens si, si heureuse dans ma vocation ! » (1)

A une Sœur qui lui disait que le noviciat était trop bon, elle répondit :

« Vous avez raison. Mais, tout de même, après le postulat, où, malgré la bonté des supérieures, on est un peu sous la loi de crainte, ce n'est pas trop bon. On apprécie la loi d'amour qui fait agir davantage par générosité, qui donne le goût de la vie religieuse et qui inspire une confiance toute filiale dans la Congrégation. » (Sr R.)

Mais le noviciat ne lui faisait pas perdre de vue la mission : « O ma Sœur, disait-elle à une novice désolée de quitter « le cher petit nid », on est bien ici, mais nous ne sommes pas venues pour être novices; et la pensée d'aller à la mission doit nous faire accepter joyeusement cette séparation. J'aime beaucoup le noviciat, mais je sens très bien que j'aspire à autre chose et que j'aurai trop de bonheur à travailler au salut des âmes. » (Sr J. de C.)

On relève dans ses notes intimes, au cours de cet été de 1896, qui ramenait l'une après l'autre les dates douloureuses de l'année précédente, les

(1) Lettre à sa tante, 25 octobre 1896.

traces, non pas d'une défaillance, mais d'une lutte. Une vague d'angoisse et de doute vint s'abattre sur son âme, sans l'ébranler.

« Oui, j'ai été vraiment tentée de regarder en arrière et d'avoir des regrets, à mesure que se ravivait, avec le souvenir des sacrifices faits, la pensée du bonheur qui m'attendait dans le monde. Mais le démon n'a pas réussi. Lasse d'être ainsi importunée, je me suis mise carrément en face de l'obsession; et, reprenant une par une les joies auxquelles j'ai renoncé formellement il y a un an, je me suis posé à nouveau ces questions : « Qui est-ce qui t'a forcée? » Personne. — T'es-tu rendu compte de ce que » tu dédaignais, puis de ce que tu choisissais? » Oui. — Veux-tu reculer? Non! Oh non! — » Alors, arrière, Satan, laisse-moi la paix. Je » suis à ma place, j'y suis heureuse et je te » méprise! » Depuis ce moment, je me sens fortifiée dans ma vocation et je puis dire que, si j'ai souffert encore de mes renoncements en ces anniversaires, ma volonté ne fut que plus avide de se donner à Dieu. »

En somme, loin d'en pâtir, elle bénéficiait de ces épreuves répétées. Elle en sortait plus forte, et son trésor s'arrondissait d'autant au ciel Car souffrir, ce n'est pas reprendre; d'être troublé dans son cœur, ce n'est pas reculer. Le *fiat* reste le même. Il coûte plus; et voilà tout; c'est-à-dire qu'il vaut davantage; puisque, redevenu actuel et douloureux, le mérite renouvelé s'ajoute au mérite acquis, pour le doubler, le tripler indéfiniment.

Elle était toujours au régime de sainte Thérèse et des âmes fortes, dans la sécheresse et dans la nuit, « sans goûter jamais les consolations spirituelles dont les saints bien souvent sont favorisés. » (1)

De loin en loin, juste pour lui montrer sa route quand le chemin bifurquait, un éclair de joie, une lueur d'En Haut rassurait sa foi et réconfortait sa volonté.

Elle ne se plaignait plus de ces aridités. Elle s'y complaisait plutôt, dans la conviction que la souffrance est un gain pour ceux qui ont l'intelligence du mystère de la croix.

Mais, sans les connaître, elle entrait ainsi dans les vues paternelles de la Providence. Car Dieu se hâtait, par cette rigueur de l'épreuve, d'accumuler le mérite dans cette vie qui escomptait l'avenir et qui n'aurait pas de lendemain.

Parce que son heure était proche et qu'elle ne s'en doutait point, il la conduisait par des voies arides, pour qu'elle ne soit pas tentée de s'y attarder; et que, en pressant le pas, en cou-

(1) Leçons du Bréviaire, fête de sainte Thérèse.

rant plus vite, elle ne pâtisse pas d'une mort prématurée.

« Mon oraison, toujours laborieuse, en plein désert, m'a rendue meilleure. J'y trouve, non pas des consolations que je ne désire plus, mais des grâces de lumière et de force, avec un grand désir d'aimer davantage Notre-Seigneur. » (R. de c., mars 1896.)

« J'ai considéré les disciples d'Emmaüs tout enflammés d'amour quand Jésus leur parlait, bien qu'ils ne l'eussent pas reconnu. J'ai pensé qu'il est près de moi tout le long de la route, sans que je le voie, et je veux m'établir dans le silence pour mieux entendre ce qu'il me dira..... » (R. de c., 25 avril.)

« J'ai renouvelé, de tout mon cœur, le sacrifice des joies spirituelles. Je me sens l'âme en paix, très libre et disposée à la générosité. » (R. de c., 28 septembre.)

« J'ai considéré Jésus laissant mourir Lazare et pleurer ses sœurs; et j'ai pensé que, s'il n'épargne pas la croix à ses amis, c'est qu'il leur réserve une joie éternelle, pour récompenser leur confiance et leur amour. » (R. de c., 4 novembre.)

« J'ai considéré Notre-Seigneur accablé de tristesse et d'angoisse, à l'heure même où il allait glorifier son Père. J'ai pensé que, appelée à la vie religieuse pour que Dieu soit glorifié en moi

et par moi, je ne devais me dérober ni à la souffrance ni aux angoisses, dans ma vie spirituelle. »
(R. de c., 5 novembre.)

« J'ai considéré Notre-Seigneur oubliant ses
propres souffrances pour consoler les filles de
Jérusalem. J'ai pensé que, Petite-Sœur, je devrai
oublier mes peines personnelles pour compatir,
avec bonté, aux douleurs des pauvres malades. »
(R. de c., décembre.)

A la fin de cette année 1896, elle écrit « que
tout est bien ; que la paix augmente en son âme ;
que ses oraisons sont arides toujours, ses communions plus encore ; mais que la grâce la soutient, que sa volonté est fortement attachée au
devoir et qu'elle est heureuse d'avoir au moins
cette souffrance à offrir à Notre-Seigneur. »

Elle dit trop bien, pour qu'on ne dise pas
comme elle : « Oui, chère Petite-Sœur, tout est
bien. Avec d'autres, Dieu peut tenir compte du
cœur ; c'est plus doux et moins sûr. Avec vous,
il va droit à l'âme, sans ménagements. Et, dès
lors que le devoir se fait, que la volonté se
donne, que le moi s'oublie, Dieu vous suit, dans
cette voie sans soleil et sans fleurs, avec une
toute particulière complaisance.

» Bon Noël donc, sur cette paille dure et froide
de la crèche. On y est mal. On y est bien. Mal,
quand on juge comme le monde. Bien, lorsqu'on
sait voir les choses comme l'Évangile les montre.

» Ne vous lassez pas de ce régime austère, qui plaît à Dieu et qui est si aisément fécond.

» Mais, pour que l'harmonie soit parfaite, sur la paille de cette crèche intime, soyez enfant, humble, confiante, disciple du *talium est,* sous la main de vos supérieurs. » (1)


Une occasion s'offrit, tout de suite, de mettre ce conseil en pratique, sous une forme qu'assurément elle n'avait pas prévue.

On a conservé, dans les couvents, certains usages naïfs qui reflètent un des aspects au moins du *talium est*, la belle simplicité des enfants de Dieu.

Le jour des Saints-Innocents, les autorités s'effacent et passent les rênes du gouvernement, pour vingt-quatre heures, aux mains des novices, par manière de délassement, de joyeuse récréation.

La règle se desserre un peu, sous cette royauté débonnaire. Ce sceptre de paille n'est qu'un sceptre de fête. On le respecte, en riant; et l'œuvre du noviciat se fait quand même; car ces heures de détente sont propices à la manifestation et à l'essai des caractères.

Les novices élisent, au vote secret, une supérieure et une assistante, qui présideront à tous

(1) Lettre du 24 décembre 1896.

les exercices : suffrage populaire qui ne vaut pas beaucoup mieux que l'autre, mais qui a moins d'inconvénients.

On ne hisse pas toujours, sur le pavois, les plus austères ni les plus pondérées; mais, quelquefois, d'autres, plus naïves ou trop distraites, qui souligneront, d'une note plus personnelle, leur rôle improvisé.

Cette année-là, pour se ménager tous les plaisirs, les novices, très avisées, nommèrent une supérieure aimable, un peu timide, peu soucieuse des grandeurs et fort impressionnée des responsabilités du pouvoir; mais elles lui donnèrent pour assistante Sœur Lucie, qui saurait rendre la journée doublement intéressante.

On hésiterait à conter ces détails, si celle-là même qui pouvait en pâtir n'était la première à en parler, avec une simplicité qui met à l'aise et qui révèle, mieux encore que ses petits travers, son bon esprit et sa vertu.

« Notre Petite-Sœur, dit-elle, fut un peu humiliée d'être associée à moi, la plus dissipée. Elle ne s'attendait pas « à cet honneur ». Quant à moi, dans mon malheur, j'étais ravie de l'avoir auprès de moi : cela me faisait paraître moins gauche. Qu'aurais-je fait sans elle?..... Et elle m'a tant édifiée !

» Le P. Pernet nous dit : « Ça n'est pas mauvais,

» mes enfants, de passer un peu par le ridicule. »

» — Certainement, mon Père, répondit Sœur
» Lucie, notre rôle n'est pas le plus agréable.
» Mais nous le prenons gaiement. Nous surnatu-
» raliserons cette petite corvée, et le bon Dieu
» sera content. »

» Elle m'encourageait. « Il faut nous y mettre
» de tout cœur. Qu'est-ce que cela peut faire
» que nous soyons ennuyées, pourvu que notre
» Mère et les Sœurs soient contentes ! »

» J'ai bien vu dans quels sentiments elle
acceptait cette humiliation ; car, comme je lui
parlais de la confusion que j'éprouvais, dans
cette stalle de supérieure, en disant que, pour
garder mon sérieux, je pensais à Notre-Seigneur
traité chez Hérode en « innocent », elle se trahit
en disant : « Vous aussi, ma Sœur, vous l'avez
» pris comme cela ? »

» Les novices n'ont pas été déçues. Grâce à son
initiative et à son entrain, ce fut une excellente
journée. Le soir, une Sœur nous confia que
notre Mère avait dit que, depuis longtemps, la
fête des Innocents ne s'était aussi bien passée.
« Quel bonheur, s'écria Sœur Lucie, quel bon-
» heur, si nous avons réussi à faire plaisir aux
» autres ! »

Le noviciat est une école et un champ d'expérience.

Outre l'enseignement plus large du catéchisme et de l'histoire de l'Église, qui permet à la novice de nourrir sa piété d'abord, d'éclairer sa foi; puis, d'instruire, plus tard, les pauvres malades qui ne savent plus ou qui savent mal; d'aborder, avec plus d'assurance, ceux qui cherchent à tâtons leur chemin, dans la brume de leur ignorance, et ceux qui blasphèment, dans la nuit pire encore de leurs préjugés; outre ces cours d'apologétique pratique indispensables au ministère de l'extérieur, la novice est initiée, dans des conférences spéciales, à la science et à la discipline monastiques : études spéculatives sur l'ascétisme, la règle, les constitutions, l'esprit et les usages de la Congrégation.

On lui explique la nature et la portée des engagements qu'elle prendra : comment la vie religieuse soustrait l'être supérieur à l'emprise des trois concupiscences et l'achemine vers la perfection, par la voie des conseils évangéliques; comment, sous l'action des vœux, la moniale, dédaigneuse des biens de la terre, sevrée des joies de ce monde et détachée d'elle-même, s'efforce à concentrer toutes ses énergies sur l'unique affaire de son salut et à absorber son intelligence, son cœur et sa volonté dans leur fonction essentielle qui est la science, l'amour et le service de Dieu; comment, allégée, par ces retranchements, du poids d'égoïsme qui alourdit les mondains, elle s'applique à faire, de tous les instants du jour, un acte de foi pure avec l'obéissance, d'espérance idéale par la pauvreté, et de charité parfaite dans la chasteté.

On joint, au noviciat, les leçons de choses aux principes.

On guide les premiers pas. On soutient les premiers efforts. On éprouve les premiers succès.

Les novices se prêtent à cette formation méthodique, avec toute l'intensité de leurs désirs. Elles en prennent le pli; elles en gardent l'empreinte.

Notre Petite-Sœur se passionnait à ces exercices. Elle ne perdait pas un mot de ces instructions, que la maîtresse des novices savait rendre si vivantes et qui projetaient tant de lumières sur sa vocation.

« Que nos conférences sont donc intéressantes, pratiques et claires! écrivait-elle..... Nous pouvons dire que si, au noviciat, nous ne devenons pas parfaites, ce sera notre faute, car nous avons tous les secours sous la main..... Notre Mère ne nous laisse rien passer, pas même dans la façon de marcher. Elle a si bien su m'imiter dans mes manières, que j'ai demandé à Notre-Seigneur de lui faire bien voir toutes les mauvaises herbes de mon jardin, afin qu'elle les arrache sans pitié. »

Dix mois donc avaient passé, dix mois de prière et de grâces, dix mois d'études et d'initiation, d'assouplissement, d'entraînement, si l'on peut dire, qui avaient mis en valeur ses belles qualités et discipliné sa nature.

Ses compagnes eussent été sans doute fort embarrassées si, spontanément ou par ordre, elle avait renouvelé l'enquête sur ses défauts qu'on lui fit faire, la première quinzaine de son noviciat, pour l'humilier.

Certes, ni le voile blanc ni la cornette n'aveuglent ces petits yeux de vingt ans, qui voient clair, sans le chercher, même sans le vouloir, à qui rien n'échappe, dans l'intimité étroite de la vie commune.

Elles l'observaient encore, et plus que jamais, parce que la sympathie les y poussait et qu'elles y trouvaient profit. Mais elles ne découvraient plus en elle que des vertus.

Elles ont eu, hélas! l'occasion de parler quelques jours plus tard, d'écrire, avec des larmes, leur pensée, leur jugement sur Sœur Lucie, précieuses confidences qui permettent d'appuyer, d'un trait plus ferme, l'esquisse ébauchée à la fin du postulat, avec les impressions des postulantes.

Toujours ardente, comme autrefois! Rien n'était éteint. La force restait la même; l'initiative aussi ; mais, au lieu de se manifester par bonds, par saillies, les impulsions en étaient plus souples, plus coordonnées.

L'habitude de la dépendance n'avait pas dégénéré en passivité ; car obéir, pour elle, ce n'était pas subir. Elle obéissait avec son intelligence, avec son cœur, en même temps qu'avec sa volonté. Elle faisait sien le vouloir des supérieurs, en toute loyauté, de telle façon que sa soumission parfaite, loin d'ankyloser ses facultés comme le ferait une docilité moutonnière, les maintenait sans cesse en plein exercice ; et sa personnalité s'y fortifiait.

« Il faut vouloir si vite ce que Dieu veut, qu'on ne sache plus qui, de lui ou de nous, l'a voulu le premier. » Cette pensée, qui n'est pas d'elle, mais qu'elle a notée, explique sa manière.

« Elle est vive, prompte à l'action, très déterminée. Arrive-t-on quelque part, pour une réunion, elle voit, d'un coup d'œil, l'oubli, l'erreur, la chose mal rangée ; et, en un instant, tout est remis en ordre. » (Sr M. de la P.)

« Elle agissait volontiers, même en dehors du rôle habituel, quand cela était utile. Mais on sent bien, quand elle va de l'avant, que le désir de paraître n'y entre pour rien. » (Sr M.-A.)

Elle faisait tout avec une aisance incomparable, comme en se jouant, l'air souriant, quelquefois malicieux, toujours bon. On n'aurait su

deviner à travers son sourire ce qu'il lui en
coûtait d'imposer à son tempérament avide de
jouir, à son cœur si aimant, à sa nature si
indépendante, tant d'abstinences et tant de
traintes.

« J'admirais, parfois, comme elle se contenait
avec certaines Sœurs, dont les exigences et les
minuties auraient dû faire sauter au plafond une
nature vive et clairvoyante comme l'était la
sienne. Eh bien, elle se pliait à leurs caprices,
sans même les souligner d'un mot ou d'un geste
d'impatience. » (S$^r$ ***.)

« Retenue par sa charge, elle arrivait souvent
en retard aux récréations. On la voyait venir
empressée, mais calme, — elle ne courait plus, —
et gagner sa place, en souriant, sans déranger
personne : un regard d'abord, afin de se rendre
compte de l'attitude qu'elle devait prendre pour
être à l'unisson; puis, les yeux fixés sur la Sœur
qui parlait, un mot tout bas à sa voisine: « De
» quoi parle-t-on? » pour se mettre au courant; et
alors, doucement, elle déployait son ouvrage.

» Tombait-elle en pleine animation, en un moment d'expansion, de gaieté, elle s'épanouissait
tout de suite, prenant part déjà de loin, à la joie
commune, écoutant avec complaisance les
moindres propos qu'on lui répétait, laissant
à ses voisines le plaisir de lui expliquer longuement ce qu'elle avait compris du premier coup.

» Sa physionomie avenante et expressive nuançait ses émotions, ses reparties. Son entrain rayonnait sur nous toutes.

» Elle évitait, avec soin, les petits groupes, les *apartés* avec celles dont la compagnie aurait pu lui être plus agréable. Elle aimait à se fondre dans la communauté, prévenante indifféremment pour toutes; attentionnée avec la dernière des Sœurs comme avec les supérieures; préoccupée de garder des places aux absentes; prête à répéter ou à faire redire ce qu'on avait raconté, quand l'une ou l'autre arrivait en retard.

» Lorsque l'intérêt languissait un peu ou que les causeries banales, entre soi, se prolongeaient trop, on entendait tout à coup une voix claire, qui se faisait suppliante : « Ma Mère, c'est tout » ce qu'on dit aujourd'hui? » pour provoquer une conversation générale plus instructive ou plus édifiante.

» Quelquefois, on allait chercher l'harmonium et on chantait. Alors, elle nous entraînait toutes. » (Sr M.)

« Lorsqu'on n'était pas entrain, elle avait toujours des histoires à raconter, sans se mettre en scène, sans dire *je* ni *moi,* tournant court si elle se surprenait à parler de quelque chose qui la faisait valoir. » (Sr Y.)

« Elle s'exprimait avec une grande simplicité, disant les choses les plus spirituelles, sans plus y penser que si cela venait d'une autre. » (S<sup>r</sup> ***.)

« Dans son travail, elle abandonnait facilement sa manière de voir, pour se ranger au sentiment de celles qui n'avaient ni son goût ni son savoir-faire et dont le jugement était moins sûr que le sien. » (S<sup>r</sup> M. de la P.)

« Elle se faisait tout à tous, préoccupée uniquement de plaire à Dieu, sans se laisser arrêter par les contretemps de la vie ou les défauts des autres. » (S<sup>r</sup> M.-M.)

Ses résolutions portaient souvent sur l'abnégation. Dans son petit recueil de pensées choisies, il y a celle-ci : « L'oubli de soi est le secret de la sainteté. »

Elle s'occupait fort peu de sa personne et ne s'attardait guère à sa toilette. « On la voyait rarement se brosser. Elle était prête avant tout le monde. Et cependant, quelle tenue toujours correcte! Quelle propreté impeccable sur elle-même! » (S<sup>r</sup> M. de J. — S<sup>r</sup> F.)

« Il manquait quelque chose aux récréations lorsqu'elle n'était pas là : ses attentions délicates, ses prévenances, son bon esprit, ses reflexions si sensées, ses saillies toujours fines. » (S<sup>r</sup> Y.)

« On était à l'aise auprès d'elle. Elle savait écouter. On pouvait tout lui dire, car elle avait l'esprit très large, ne se scandalisait pas, prenait tout en bonne part, fermait les yeux sur les torts et les travers des autres. Et puis, elle ne répétait rien. Mais, si la conversation déviait, si l'on disait du mal de l'une ou de l'autre, elle ne le souffrait pas. » (Sʳ E.)

« Quand elle croyait avoir dit elle-même une parole un peu vive, elle venait, au premier moment libre, s'en excuser et demandait pardon, — par bonté, plus encore que par humilité, — suppliant qu'on prie pour elle, afin qu'elle ne fasse plus de peine, en ne réprimant pas assez tôt ses mouvements de vivacité. » (Sʳ M.-R.)

Et cependant, personne n'était plus charitable dans ses paroles ou dans ses actes. Les témoignages sont unanimes sur ce point.

« Lorsqu'on lui confiait ses chagrins, elle vous encourageait toujours avec une pensée de foi. » (Sʳ M.-D.)

« Comme je me désolais d'être toujours dissipée, elle me dit : « Ne vous découragez pas; » cela passera. J'étais comme vous, au commen- » cement. Mais, en entrant au noviciat, je me suis » dit que je n'étais pas venue ici pour m'amu- » ser, mais pour devenir une sainte religieuse. » J'ai pris sur moi, et c'est passé. » (Sʳ R.)

« Occupée, avec elle, à une besogne fort ennuyeuse, qui nous empêchait d'être à la récréation, je dis tout haut ma mauvaise humeur. Alors elle me regarda, vraiment surprise, en disant : « Ce n'est donc pas pour le bon Dieu » que vous faites cela? » (S<sup>r</sup> ***.)

« Elle remarquait tout : si on était triste, si on avait pleuré. Alors la journée ne se passait pas sans qu'elle ait trouvé moyen de vous aborder très discrètement et de vous glisser un mot de sympathie qui allait, plus loin que le cœur, jusqu'à l'âme. » (S<sup>r</sup> E.)

« On eût dit qu'elle suivait chacune de ses Sœurs avec une particulière sollicitude. » (S<sup>r</sup> T.-M.)

« Il y a des personnes qui disent très bien, par politesse, des choses aimables. Mais, chez elle, on sentait que cela venait du cœur et que tout ce qu'elle disait était vrai. » (S<sup>r</sup> X.-A.)

On aimait à s'adresser à elle, parce que l'abord était facile, l'accueil toujours aimable et le cœur prompt au dévouement.

« Elle ne perdait point une occasion de rendre service. Elle les cherchait, allait au-devant, prévenait les désirs. On venait à elle tout droit, au moindre embarras, avec le sentiment qu'au lieu de l'importuner, on lui était plutôt agréable. » (S<sup>r</sup> M. de la P.)

« Lorsque je commençai à me confesser en français, dit une Anglaise, c'est à elle que j'aimais à faire mes confidences pour savoir comment dire mes péchés. » (S<sup>r</sup> M.-D.)

« Si on la **rencontrait et** qu’on fût chargée, elle vous aidait toujours » (Sr A. de J.), « se gênant volontiers, sans le laisser voir, par complaisance, pour faire plaisir ». (Sr M.-H.)

« S’il vous arrivait un ennui, une difficulté, on se tournait vers elle, on la cherchait des yeux, dans l’espoir de la trouver sur son chemin : « Quelle chance, c’est Sœur Lucie ! » Il semblait qu’avec elle tout allait s’arranger. » (Sr C.)

« C’est elle qu’on dérangeait, au dortoir, s’il survenait quelque incident, parce qu’on était sûr qu’elle s’y prêterait de bonne grâce et qu’elle saurait aviser. » (Sr M. de la P.)

« Quand, la nuit, j’avais besoin de quelqu’un pour me seconder ou me remplacer, écrit l’infirmière, j’allais droit au lit de Sœur Lucie ; et, subitement, au réveil, elle répondait souriante, empressée, sans biaiser jamais ni demander pourquoi on s’en prenait toujours à elle.

» Personne ne savait obliger comme elle, sans bruit, sans rien dire même : il fallait deviner. On n’avait rien vu, et on trouvait les choses faites, les maladresses réparées, ses affaires rangées, sa robe brossée….. C’en était amusant. Sœur Lucie avait passé, comme une petite fée bienfaisante, qui n’arrivait plus à donner le change, mais qu’on prenait rarement sur le fait. » (Sr M. de la P.)

« Que dire de ses prévenances pour les malades! Elle ne savait qu'imaginer pour leur éviter une peine. Celles-là seules qui en ont été l'objet peuvent se faire une idée de la délicatesse de ses procédés : une petite attention pour les distraire, un petit mot aimable pour les faire sourire. » (S<sup>r</sup> A.)

L'âme qui a souffert en silence et longtemps, lorsqu'elle a été assez forte et assez haute pour ne pas s'aigrir, s'ouvre plus largement que d'autres à la charité, à la compassion, aux ineffables intuitions du dévouement. Là serait peut-être le secret de la bonté si perspicace et si expansive de Sœur Lucie, car elle savait compatir et consoler comme personne.

« Si, à son tour, elle demandait un service, c'était avec des yeux si bons qu'on éprouvait une vraie joie à lui être agréable. » (S<sup>r</sup> A.-M.)

La critique tombait difficilement de ses lèvres, même en riant. Elle se taisait lorsqu'elle ne pouvait approuver, car sa langue se refusait à la flatterie. Si on lui demandait sa pensée, elle la disait tout bonnement.

Une Sœur, qui avait été un peu gauche dans une cérémonie, raconte elle-même qu'elle confia, après, sa confusion à Sœur Lucie, en quêtant une petite consolation. « Elle me répondit très gentiment : « Ce n'était pas très mal, mais je » croyais que vous vous en seriez mieux tirée. »

Sa franchise, ajoute-elle, me fit plus de plaisir que si elle m'avait dit que c'était bien ; car je savais parfaitement à quoi m'en tenir. » (Sʳ ***.)

Il serait superflu d'insister davantage et d'épuiser, jusqu'à la dernière, ces confidences des novices, pierres menues et colorées d'une belle et douce mosaïque, dont chacune reflète et nuance un trait de l'âme ou de la physionomie de notre Petite-Sœur.

Le souci qu'elles ont eu d'en signaler les moindres traits laisse voir, par transparence, la valeur de cette vertu, qui ne cherchait qu'à se cacher.

On se rappelle les gestes qu'elle a faits et les mots qu'elle a dits. On se souvient du jour où elle a chanté pour la première fois, tant sa voix avait de charme. (Sʳ M.-B.) On n'a oublié, ni le ton chaud de sa lecture, au réfectoire ; ni l'accent pénétré de sa prière, au chemin de la croix (Sʳ M.-B.) ; ni la note émue d'humilité qui ponctuait ses accusations, aux coulpes. On a été frappé de son attitude, toujours la même, à la chapelle (Sʳ Y.) ; de son recueillement que rien ne pouvait troubler. (Sʳ M.-H.) Tout a été relevé, tout, jusqu'à sa façon « d'éplucher les pommes de terre, à la cuisine, par esprit de pauvreté ». (Sʳ A.)

Une action d'éclat qui reste isolée, fût-elle

héroïque, ne prouve pas la sainteté. Mais, quand une âme, à son insu et malgré elle, en arrive à éveiller ainsi l'attention du prochain par le doux rayonnement de sa vertu, à la retenir et à la captiver à ce point qu'on l'observe et qu'on l'épie jusque dans les menus faits de la vie quotidienne, n'est-ce pas le signe que sa perfection a dépassé la mesure ordinaire?

Il est au moins curieux — et l'on ne veut rien dire de plus — que les novices de la rue Violet aient employé, pour parler de Sœur Lucie, les mêmes termes ou à peu près que es historiens de sainte Thérèse pour peindre la petite novice du Carmel d'Avila.

Ils nous la montrent, dès son entrée au noviciat, « se pliant aisément aux observances régulières », — « avide des plus humbles emplois », — balayant les cloîtres — « attentive aux petites choses dont son bon sens pratique lui fait comprendre la valeur » — « en lutte contre sa nature qui se réveille » — « toujours la première au chœur et d'un recueillement qui frappait ses compagnes » — « empressée aux pénitences lorsqu'il lui échappait quelque manquement » — « s'acquittant furtivement des corvées pour en décharger les autres » — « toujours au service de ses Sœurs; les tirant de peine, d'un air joyeux qui doublait le prix de son obligeance, et, de si bonne grâce, qu'on ne pouvait s'en défendre..... »

Ils disent qu'elle avait toujours « un bon conseil sur les lèvres » — « qu'on pouvait tout lui demander, sans lasser sa patience » — « que les malades souriaient dès que son voile blanc annonçait son approche ».

La petite novice d'Avila n'était point parvenue encore, en ce temps-là, à ces hauts sommets de la sainteté qu'elle atteignit plus tard. Mais, sans vouloir pousser plus loin qu'il ne conviendrait ce rapprochement, il semble bien que Sœur Lucie, mettant ses pas dans les siens, marchait à grandes étapes, dans le sentier qui l'y conduisit.

Comme elle, aussi, elle tomba malade, après cette première année de noviciat.

Qui peut dire jusqu'où elle l'aurait suivie dans ses ascensions si, comme à elle, la Providence avait prolongé le temps de l'épreuve?

# CHAPITRE VI



## LA PROFESSION AU SEUIL DU PARADIS

Le 13 janvier 1897, Sœur Lucie n'était pas descendue la première à la chapelle, comme les autres jours. Elle n'y descendit pas du tout. Elle n'y devait plus descendre.

Elle était à l'infirmerie, terrassée par une crise subite d'appendicite.

La veille, à la sacristie, brusquement, le matin, après la messe, sans que rien l'y eût préparée, elle avait senti le coup de poignard.

Vaillante toujours, elle s'était dominée; elle etait parvenue à suivre la communauté au réfectoire. Mais un second coup l'avait clouée sur place. La douleur avait eu raison de son énergie. Elle avait dû s'avouer vaincue.

La mort l'attendait là, dans son emploi, en pleine jeunesse, en pleine activité.

On ne sait ni le jour ni l'heure. La mort frappe en aveugle, quand c'est le moment, quand Dieu le permet.

Les docteurs reconnurent tout de suite la gravité du mal. Sœur Lucie en eut elle-même le pressentiment; et, par délicatesse de conscience, craignant d'avoir été présomptueuse, elle fit à sa supérieure cette confidence, du ton dont on fait les aveux :

« Le jour de l'Épiphanie, je me suis demandé ce que je pourrais bien offrir encore au bon Dieu, en union avec les mages, puisque je n'ai plus rien à moi. J'ai cherché ce à quoi je tenais le plus : c'était ma santé. Alors j'ai dit à Notre-Seigneur qu'il la prenne, comme tout le reste ! »

Voilà le fait.

Y a-t-il témérité à chercher un lien entre l'oblation et le sacrifice?

Les douleurs étaient atroces.

— S'il me fallait souffrir comme cela, une heure de plus, disait-elle, je crois que je ne le pourrais pas.

Cependant elle se plaignait à peine, tant elle avait d'empire sur elle-même, par virilité naturelle et par vertu.

Avant même qu'on ait eu le temps de l'installer à l'infirmerie, une appréhension lui traversa l'esprit :

— Ma Mère, me voilà malade. J'accepte de souffrir; j'accepte aussi de mourir. Mais est-ce qu'on me gardera ici?..... Quitter mon couvent, ce serait, pour moi, la plus cruelle des épreuves : tout plutôt que cela !

On la rassura. Sa maladie n'était point de

celles qui exigent l'éloignement de la communauté.

Elle eut un soupir de soulagement.

— Maintenant, le reste ne m'est rien! Que je suis heureuse de ne pas quitter mon cher couvent! J'entendrai la cloche : je pourrai suivre tous les exercices!


Pour les meilleures, la maladie est une tentation sournoise et subtile. Il n'est pas rare qu'un séjour à l'infirmerie marque un temps d'arrêt, sinon de recul, dans la vertu.

La nature, qu'on avait mise au pas, sous le joug, réclame des ménagements qu'on ne lui refuse point. Mais ce relâchement de la discipline, ce régime amollissant, joint à l'accablement de la souffrance, entraînent facilement l'être tout entier dans une sorte de passivité morale, comme s'il y avait répit, vacance, suspension de l'effort vers la perfection.

On n'a rien vu de pareil chez Sœur Lucie.

Son calme, sa résignation, sa docilité étaient admirables. On eût dit, selon l'expression d'une novice, « une petite sainte s'immolant pour une cause ».

Elle fut une malade exemplaire.

Le cadre de sa vie était modifié; les éléments du devoir différaient; mais sa vertu restait la même. Transportée brusquement dans ce milieu spécial, elle s'y est adaptée aussi aisément que s'il se fût agi d'un simple changement d'emploi.

Dès le début, on dut la veiller la nuit. C'était à qui obtiendrait cette faveur, d'abord parce qu'on l'aimait, mais aussi à cause du profit que l'on escomptait des heures passées près d'elle. Les privilégiées sortaient émues aux larmes, de ces veillées qui leur semblaient trop courtes.

Les premières nuits, extrêmement douloureuses, ne furent qu'une longue insomnie. Mais, au lieu de gémir, la malade demandait qu'on l'aidât à prier.

Dans ses plus fortes crises, elle se préoccupait du souci, de l'embarras qu'elle donnait aux autres : elle dérangeait tout le monde ; on y mettait trop d'empressement ; on se fatiguait ; on était trop bon pour elle !

« Moi, pauvre petite novice, on me traite comme si j'étais quelqu'un ! Quelle charité dans cette maison ! » (Sʳ Fr.)

Elle s'inquiétait de ses voisines d'infirmerie : Comment elles allaient ? Si elles souffraient beaucoup ? Si elles avaient pu reposer la nuit ?

Il semblait que la douleur, au lieu de la replier sur elle-même, ne faisait qu'affiner encore la délicatesse de sa charité.

Sa pensée allait sans cesse aux pauvres :

« C'est une bonne école pour moi. Cela m'aidera à les comprendre. Je les soignerai mieux.

Quand sera-ce, ô mon Dieu? » (Sr M.-M.)

La nuit, elle demandait aux Sœurs qui la veillaient de lui parler de la mission. Elle se faisait raconter leurs difficultés, leurs joies, leurs anxiétés apostoliques.

« Son cœur se dilatait, s'embrasait. Dès qu'on s'arrêtait, elle insistait d'un air suppliant : « Continuez, cela m'intéresse tant! » (Sr G.)

Un soir, très tard, elle appela la Sœur :

« Je souffre trop. Je ne puis dormir. Parlez-moi des pauvres!..... Que vous êtes heureuse d'être toujours avec eux! J'irai bientôt, moi aussi. » (Sr Ph.)

A une autre, le lendemain, elle dit :

« Ma Sœur, nous voilà toutes seules; tout le » monde dort. Je vais prendre une bonne leçon. » Faites tout comme si vous étiez chez un malade. » Cela me donnera une idée de la mission. » Et il me fallut tout lui expliquer dans les moindres détails : la façon de se présenter, de faire la prière; la manière d'arriver, sans heurter, jusqu'à l'âme, de rappeler les grandes vérités, de préparer doucement la conversion. « Que Dieu » est bon, disait-elle, de nous avoir appelées à » cet apostolat! Est-il rien de plus grand que de » sauver des âmes par notre dévouement; de » donner notre vie goutte à goutte à Notre-» Seigneur dans la personne des pauvres!..... » Dans un an, ce sera mon tour. Mais, serai-je

» guérie?... Qu'importe après tout! Impuissante
» et malade, je travaillerai tout de même à la
» mission; car la Petite-Sœur qui souffre et qui
» prie a son rôle et sa part dans l'œuvre de la
» Congrégation! » (Sʳ A.-M.)

Mais c'est avec l'infirmière, Sœur Fr..., dont
le dévouement attentif et délicat la suivait de
plus près, qu'elle s'attardait volontiers dans ces
épanchements.

« Je vous regarde, lui disait-elle, j'examine
tous vos gestes, et je remercie le bon Dieu de
m'avoir fait passer par l'infirmerie, parce que
je m'instruis.

» Je saurai comment m'y prendre quand j'irai
chez les pauvres. Je fais mon apprentissage.

» Que vous devez souffrir, tout de même, de
ne pas aller à la mission! Mais, n'est-ce pas,
ce qui vous console un peu, c'est de penser que
l'unité de notre œuvre assure la communauté du
mérite. S'il n'y avait pas quelques Sœurs sacri-
fiées, qui travaillent toujours à la maison, les
autres ne pourraient point aller chez les pauvres,
en sorte que ce dévouement du dedans est inti-
mement lié au dévouement du dehors. Ça ne fait
qu'un. Ce sont les deux aspects d'une seule et
même chose; et, ainsi, sous des formes diffé-
rentes, tous les efforts concourent au même but.

» Quelle force de sentir qu'il n'y a chez nous
qu'un cœur et qu'une âme!.....

» Je ne l'aimerai jamais assez, ma chère Congrégation. Si on me disait que je n'ai ni la santé suffisante ni les aptitudes pour être Petite-Sœur, j'en mourrais ! »

Elle poussait, en effet, si loin l'amour de sa Congrégation, qu'il lui semblait qu'elle ne se serait jamais consolée si, après être entrée dans un autre Ordre, elle eût ensuite, trop tard, connu les Petites-Sœurs.

« Je ne pourrais plus retourner dans le monde, ajoutait-elle. Mais je sais qu'on me gardera et je suis rassurée. Quoi qu'il arrive, le bon Dieu m'aidera.

» Je voudrais tant être guérie, pour ma profession, le 3 mars ! »

Après un temps de réflexion :

« Non, reprit-elle, pas ma volonté, mais la vôtre, ô mon Dieu ! Je veux être obéissante jusqu'au bout ! »

Obéissante jusqu'au bout : voilà bien la caractéristique de sa vie religieuse.

Elle a maintenant la passion de l'obéissance, comme elle eut, jadis, la passion ombrageuse de l'indépendance.

Et ce ne sont pas de vagues sentiments, des élans passagers, des paroles en l'air. Son pauvre corps défaille, mais son cœur est aux écoutes et reste sous le joug.

De son lit de malade, de sa chambre d'infirmerie, elle ne perd pas de vue la règle. Elle s'unit à la communauté, comme elle l'avait dit, à toutes les heures du jour :

« J'entendrai la cloche et je suivrai tous les exercices. »

Le matin, elle s'efforçait de faire sa méditation.

« Je ne puis pas beaucoup réfléchir. Je fais ce que je peux ; mon cœur fait le reste. »

Chaque fois qu'on sonnait une conférence, un cours, c'était pour elle un nouveau sacrifice de ne pouvoir s'y rendre.

Elle aurait voulu dire son office.

« On m'en a dispensée ; mais ça me coûte d'en être privée. Je remplace par le rosaire..... »

« Un soir, la voyant prier, je lui demandai où elle en était de son rosaire, dans la crainte qu'elle ne se fatiguât : « Non, ma Sœur ; je le
» dis doucement. Quand je suis fatiguée, je
» m'arrête. A présent, j'en suis au dernier cha-
» pelet de mon troisième rosaire. Je prie un peu
» pour tous. C'est un moyen de m'acquitter de
» tout ce qu'on fait pour moi. » (Sr Fr.)

On était au troisième jour.

A Reims, à la *Louisiane*, on tremblait, on priait. Les lettres et les dépêches affluaient.

« Chaque matin, à 8 heures, dit la supérieure, j'étais près de son lit, pour faire avec elle le dépouillement du courrier. Sa joie débordait en constatant les dispositions si chrétiennes de tous les siens. La confiance qu'ils témoignaient à sa famille religieuse la ravissait. Elle répétait, avec un élan qui faisait plaisir à voir : « Rien » que pour cela, cette maladie est une bénédic- » tion. »

« Elle fut particulièrement touchée d'un mot du cardinal Langénieux, qui lui apportait une bénédiction, avec l'assurance d'un *memento* quotidien à la messe.

» Au même moment, notre Mère, revenant de l'archevêché, lui dit que le cardinal Richard la bénissait aussi et l'autorisait à communier en viatique. « Vraiment, répondit-elle, on est trop » bon pour moi ! » (M. B.)

» Ce même jour, à propos d'un faire-part qui lui annonçait la mort d'un tout jeune religieux, je fis, devant elle, cette réflexion :

» — Comme c'est touchant, ce seul titre : novice de la Compagnie de Jésus !

» Alors, avec une bonhomie charmante :

» — Ma Mère, vous n'aimeriez pas envoyer, comme cela, une de vos novices en paradis?

» — Cela dépend. Il faudrait voir laquelle.

» — Mais....., moi, par exemple?

» — Merci bien, je n'en serais pas fière. Je voudrais au moins choisir un meilleur échantillon, pour faire honneur au noviciat.

» — Ah, c'est vrai ! Je n'y pensais pas.

» — Moi, j'y pense, et je crois que vous avez tout intérêt à vivre, pour vous bonifier encore ; nous y gagnerions tous.

» Elle sourit, avec une expression de physionomie qui m'a convaincue que son humilité s'était laissée prendre au piège que je lui tendais. » (M. B.)

Elle était sincère lorsqu'elle souhaitait guérir, sincère encore en regrettant de ne pas mourir, avec cette nuance qu'elle ne tenait à vivre qu'en vue de la mission : « c'est le seul motif qui puisse me faire désirer ma guérison, » disait-elle ; tandis que son regret répondait à une conviction profonde et très surnaturelle.

Elle ne se contredit pas. Ses paroles visent tantôt le bien qu'elle entrevoit pour elle-même, tantôt le bien qu'elle brûle de faire aux autres.

La pensée de la mort ne l'effrayait pas. Le désir du ciel revenait souvent dans ses confidences.

« Je la vois encore, à la lecture spirituelle, quelques mois auparavant, souligner d'une petite moue malicieuse la mort, à cent dix ans, de je ne sais quel Père du désert, en disant tout bas : « Non ! C'est trop vieux ! » (Sr ***.)

« Quand mourut notre Petite-Sœur Jeanne

de la Visitation, elle enviait son bonheur, et je l'ai entendue répéter plusieurs fois, en levant les yeux au ciel : « Oh ! qu'elle est heureuse ! » Elle me fait envie ! » Je puis bien redire ses paroles ; je ne saurais rendre ce que j'ai senti dans son accent ni ce que j'ai vu dans son regard. Mais elle se reprenait toujours : « Ce » n'est pas généreux. Une Petite-Sœur ne doit » pas désirer le ciel, avant de s'être dépensée au » service du bon Dieu. » (M. M. de J.)

A propos d'une méditation sur l'entretien de saint Augustin et de sainte Monique à Ostie, elle a écrit :

« J'ai demandé la grâce d'avoir toujours présent à l'esprit le terme de ma vie et de désirer ardemment l'union éternelle avec Dieu. » (R. de c.)

Aussi, quand, vers le quatrième jour, une détente se produisit, que le danger parut écarté et qu'elle s'en rendit compte, elle dit, avec une étonnante simplicité :

« Vous conviendrez, ma Mère, qu'il est pénible de voir que je vais manquer mon coup. J'étais à la porte du ciel. Mon mal était assez grave pour que j'en meure, — je le sentais bien ; et puis, je vois clair : sans vous en douter, vous aviez un air qui en disait long, — et voilà que je vais mieux !..... Je serais partie si volontiers ! Mais je comprends vos yeux. Vous ne voulez pas que je dise cela, parce qu'une Petite-Sœur doit s'oublier et penser aux âmes qui l'attendent. Aussi, j'accepte tout ce que le bon Dieu veut. Je n'aurai toujours pas perdu mon temps. J'ai appris, en ces quelques jours, des choses que vous n'auriez pu m'enseigner au noviciat. » (M. B.)

Le mieux s'accentuait. Les douleurs étaient calmées. L'appétit revenait.

Ce fut plus qu'une joie, une fête, dans toute la maison quand, le dimanche matin, les docteurs la déclarèrent hors de danger.

Elle reçut quelques visites de sa famille, dont elle jouit pleinement, sans la moindre fatigue.

On crut pouvoir cesser de la veiller.

Hélas! ce répit ne devait pas avoir de lendemain.

Dans la soirée, le mal revint avec une telle intensité, par poussées si violentes, que l'opération fut, cette fois, jugée indispensable et fixée au mercredi.

— Pourquoi pas tout de suite? disait-elle, moi, je suis toute prête.

Ses sœurs, qui devaient venir de Reims ce jour-là, ses sœurs, qu'elle attendait si impatiemment toujours — « Jeanne et Marie vont venir : j'en tremble de bonheur! » — ses sœurs durent ajourner leur voyage.

Quand elle l'apprit, de grosses larmes lui montèrent aux yeux. Il lui fallut quelques instants pour se reprendre. Puis, résolument, en essuyant ses pleurs, du geste décidé de quelqu'un qui ressaisit sa volonté :

— C'est fini, ma Mère, mon sacrifice est fait!

Le mardi matin, elle souffrait moins. Les novices montèrent quelques minutes à l'infirmerie.

Elles furent surprises de la trouver « si bien ». Plusieurs même pensèrent qu'on s'était trop alarmé et que le mal n'était pas si grave.

Sœur Lucie, ravie de retrouver ses compagnes, les remercia de leur sympathie, de leurs prières, leur reprochant gentiment « de l'avoir empêchée d'aller en paradis ».

A partir de ce moment, elles furent absolument rassurées sur son compte.

Dans l'après-midi, le ciel s'assombrit. Le temps était chargé de neige. Elle se sentit accablée, envahie elle-même par une tristesse lourde, une anxiété vague, dont elle ne put définir la cause :

— Non, je n'ai rien. Mais, je ne sais pourquoi, j'ai envie de pleurer.

On l'engagea à ne pas lutter, à se détendre franchement.

Elle le fit un moment, avec sa simplicité d'enfant, mêlant son sourire à ses larmes, confuse de ce besoin de pleurer sans raison.

Sur le soir, les cloches de Grenelle, qui son-
nèrent longtemps pour un enterrement, la fati-
guèrent étrangement.

A plusieurs reprises, elle dit : « C'est mon
enterrement que l'on sonne ! »

La supérieure essaya de relever cette parole,
en plaisantant, pour dissiper cette impression
de mélancolie :

— Vous oubliez donc que vous n'êtes qu'une
chétive Petite-Sœur et que, pour nous autres,
on ne fait pas tant de frais : on nous enterre
sans cloches ?

Elle rit encore de bon cœur et sembla ne plus
penser à ces tintements lugubres.

La sérénité était revenue. « J'ai passé la nuit
qui précéda l'opération, écrit Sœur M.-J. Elle
avait toute sa liberté d'esprit, mais ne parvenait
pas à dormir, parce qu'elle souffrait de nouveau.
« Je dormirai demain matin », dit-elle, en faisant
allusion au chloroforme.

» Elle était gaie. Elle me demanda, avec intérêt et affection, des nouvelles de chacune des
novices de seconde année. Elle me raconta où
elle en était de ses cours et de ses rédactions.
Elle me fit surtout parler de la mission, m'ex-
pliquant qu'elle n'appréhendait pas trop l'opération, mais le temps qu'elle allait perdre après,
sa convalescence, qui retarderait peut-être pour
elle l'heure d'aller chez les malades.

» Puis elle se recueillait, baisait par intervalles son crucifix et **restait** longtemps absorbée dans sa prière. »

Elle devait communier le matin. On a été fort impressionné de la façon dont elle se prépara à cette communion, qui devait être la dernière.

« Bien avant le temps, elle entra dans un tel recueillement que l'on n'osait plus ni bouger ni parler dans sa cellule, de peur de la troubler.

» La ferveur avec laquelle elle reçut Notre-Seigneur ne peut se rendre.

» Elle semblait n'être plus de ce monde, mais très loin des choses de la terre, sans plus rien voir de ce qui se passait autour d'elle. Son action de grâces se prolongea; et, bien que l'heure fût venue de l'opération — les chirurgiens attendaient, — personne n'osa l'en tirer, avant qu'elle eût fait un mouvement. » (Sr Fr. — M. B.)

« Elle voulut savoir, alors, comment on allait procéder, ce qu'elle aurait à faire, si tout se passerait d'une manière convenable : ce détail délicat l'inquiétait. « Promettez-moi de ne pas » me laisser seule! » Sur l'assurance que notre Mère et moi ne la quitterions pas d'une seconde : « Merci, je suis tranquille. Je ne crains plus rien. » (Sr Fr.)

Pendant qu'on l'enveloppait de flanelles blanches :

— Vous voilà maintenant Dominicaine, lui dit-on.

— Non, non, reprit-elle vivement; je suis et je reste une Petite-Sœur de l'Assomption !

Très calme, elle s'abandonna aux mains des chirurgiens.

La communauté était en prière à la chapelle; et, parmi ses compagnes, plus d'une fit, pour elle, le sacrifice de sa vie.

. . . . . . . . . . . . . . . . . .

. . . . . . . . . . . . . . . . . .

« Avec quel bonheur, quand elle s'éveilla, après l'opération, nous pûmes lui dire que son mal était enlevé et qu'elle ne devait plus penser qu'à guérir. »

Les grandes souffrances commencèrent bientôt, lui arrachant à peine quelques gémissements, quelques gros soupirs, mais pas un mot de plainte.

Accablée, épuisée, elle restait maîtresse d'elle-même.

La douleur, qui ravageait son pauvre corps, ne détournait pas son cœur de la prière; et c'est quand la plaie exaspérée la torturait davantage, que sa pensée montait plus haut.

Au plus fort de la fièvre, dévorée par la soif, elle ne perdait pas de vue la mortification. Comme on lui mettait sur les lèvres le petit morceau de glace que réclament si ardemment les autres patients, elle détourna la tête en disant tout bas : « Notre-Seigneur n'en a pas eu sur la croix. »

Un instant, on respecta ce sentiment. Mais lorsqu'on lui eut dit, quelques minutes plus tard : « Soyez humble et mettez votre amour dans l'obéissance », elle se laissa faire.

Peu après, quelqu'un l'invita à offrir ses souffrances pour toutes les grandes causes qui doivent passionner le cœur d'une Petite-Sœur : l'Eglise, le Pape, l'Apostolat.

— Oh oui, fit-elle, dans un élan de générosité, j'aurais si volontiers donné ma vie pour tout cela ! Que ne souffrirait-on pas pour obtenir la conversion d'un pécheur !

La nuit, elle répéta à la Sœur de garde :

— J'étais pourtant bien préparée à mourir !

Elle parlait à peine. La douleur l'accablait. Par deux fois, on l'entendit murmurer : « Mon Dieu, donnez-moi la force de souffrir patiemment, jusqu'au bout ! »

Mais le mal n'arrivait pas à la replier sur elle-même. Elle s'inquiétait des Sœurs, qui ne dormaient point à cause d'elle, qui se fatiguaient pour elle.....

— Quand vous serez malade, dit-elle à la Sœur infirmière, c'est moi qui vous soignerai. J'aurai bien droit à cette faveur : vous avez tant fait pour moi ! Mais peut-être que vous ne seriez pas une malade aussi docile que moi, ajoutait-elle en souriant; car jamais le sourire n'était loin de ses lèvres, même quand la douleur emplissait de larmes ses pauvres yeux chavirés de fatigue.

Une novice, la nuit, passa devant l'infirmerie essayant, sans y réussir, de marcher doucement.

— C'est Sœur M.-R., dit-elle avec une petite pointe de malice. Je reconnais son pas léger!

Mais, tout de suite, se reprenant :

— Et moi donc! Qui aurait cru que je resterais ainsi, des heures et des heures, immobile, sans faire du bruit!

Un moment, secouée par de pénibles vomissements, elle aperçut, dans le lointain, par la fenêtre de sa cellule, une petite lumière à un cinquième étage.

— Peut-être que là-bas, dans cette mansarde, il y a une Petite-Sœur qui veille un malade. Si c'était moi, comme je serais heureuse!..... Ils ne sont pas gâtés comme je le suis, les pauvres. Il me sera bon, plus tard, d'avoir souffert. Je les comprendrai mieux..... Qu'ils sont à plaindre, ceux qui n'ont pas la foi, seuls avec leur désespoir!..... Mon Dieu, ayez pitié d'eux!..... Et moi, je suis comblée! Quelle dette de reconnaissance j'aurai à payer!

Le lendemain, son état empira.

Le vendredi matin, les médecins ne dissimulèrent pas leur inquiétude. On eut le pressentiment qu'elle était perdue.

*Altro di parlar di morte, altro di morir !* dit un proverbe italien : autre chose de philosopher sur la mort, autre chose de mourir ! Ils ne sont pas rares, ceux qui, après avoir envisagé la mort, de loin, avec sérénité, ont tremblé à son approche.

C'est une grâce de la vie religieuse qu'au couvent on ne considère pas la mort comme une catastrophe. On y songe à l'avance. On la voit venir de loin. Et, lorsqu'elle arrive, on l'accueille, sinon toujours avec joie, du moins sans ces terreurs folles qu'elle inspire aux mondains.

On aborde, sans biaiser, quand il est temps, la question des sacrements, avec la charité virile et douce qui convient. Et, si la gamme est longue qui monte, du *fiat* résigné des plus tièdes, à l'*alleluia* héroïque des saints, tous savent entendre l'austère vérité.

La Supérieure générale ne voulut laisser à personne la mission délicate d'avertir Sœur Lucie.

Elle y mit les ménagements qu'on y met d'ordinaire.

Ils n'étaient point nécessaires.

« *Magister adest et vocat te !* Le Maître est là. Il t'appelle ! »

Que ce soit l'appel de la toute première heure,

qui révèle l'éclosion de la vocation, ou l'appel
du dernier moment qui en marque le terme;
qu'il s'agisse de quitter le monde, pour suivre
Jésus en religion, ou de quitter le couvent,
pour le rejoindre au ciel, Sœur Lucie avait
toujours compris que cet appel initial est lié à cet
appel suprème, que l'un complète l'autre et que
la mort n'est, dans l'évolution de la vie religieuse, qu'une étape, la dernière, la meilleure,
celle qui met au but.

Elle savait bien que la vocation n'est ni res-
treinte à la terre ni limitée au temps; qu'elle
vise plus haut et plus loin; qu'elle n'est qu'une
phase de la prédestination, une tension plus
intense et plus directe vers Dieu; que son abou-
tissement est au ciel et que tout ce qui se fait
ici-bas, postulat, noviciat, vêture et profession,
n'est qu'un acheminement vers le ciel. En sorte
que, réserve faite du mérite des œuvres, mourir
avant le temps, dans la vie religieuse, c'est
brûler les étapes et arriver plus vite.

Sitôt donc qu'on lui eut fait entendre que
son heure était proche, que le moment était
venu de recevoir l'Extrème-Onction, qu'elle
devait aussi se préparer à ses vœux, son visage
fatigué, défait, livide, s'illumina.

Elle redevint belle tout à coup, d'une beauté
rayonnante, tout angélique; et, joignant les

mains, les yeux fermés, elle se redit à elle-même, avec un ineffable sourire, la bonne nouvelle : « Je vais faire mes vœux! Oh! quel bonheur! »

La Supérieure générale avoua que, de l'avoir vue ainsi transfigurée, le deuil, brusquement, était entré dans son âme.

Il était 10 heures.

Cependant, comme les docteurs affirmaient qu'il n'y avait point urgence, et que, vers midi, on la vit sombrer dans une torpeur lourde qui ne serait, pensaient-ils, que passagère et qui n'avait rien d'alarmant, on crut plus sage d'attendre et de remettre au lendemain l'administration des sacrements.

La nuit fut calme.

A 4 heures du matin, elle ouvrit les yeux, promena doucement, autour d'elle, un regard paisible qui semblait dire : « Vous êtes là, je suis tranquille. »

Puis, tout à coup, elle parut défaillir et ne répondit point aux invocations qu'on lui suggérait.

En hâte, on appela l'aumônier. Il eut tout juste le temps de faire les saintes onctions.

La supérieure alors, penchée sur la chère petite novice, prononça lentement à son oreille, la formule des vœux : « Moi, Sœur Marie-Lucie, je fais vœu de pauvreté, de chasteté, d'obéissance, dans la Congrégation des Petites-

Sœurs de l'Assomption !..... Et ce, pour toujours ! »

Sa physionomie se ranima. Une flamme raviva, un instant, ses yeux éteints. Ses lèvres firent un effort suprême, pour articuler les *ultima verba*, les paroles décisives qui firent, de la novice, une professe pour l'éternité.

Sans pouvoir en dire plus, dans un souffle que la terre entendit à peine et dont le ciel recueillit l'écho, elle répéta : *Et ce, pour toujours !*

Elle était prête.

Dieu fit un signe à ses anges, et Sœur Lucie s'endormit.

. . . . . . . . . . . . . . . . . .

. . . . . . . . . . . . . . . . . .

« Nous étions toutes descendues à la chapelle, à 5 h. 1/2, écrit une novice, quand notre Mère nous fit sortir, pour nous réunir à la salle de communauté. Un pressentiment, une angoisse nous étreignaient le cœur. Nous devinions et nous n'osions nous regarder : « Mes enfants, » dit-elle, je fais appel à votre foi et à votre » générosité. Vous allez être surnaturelles dans » le sacrifice !..... » Puis, après une longue pause, luttant contre son émotion : « Oui, le » bon Dieu, qui nous l'avait donnée, vient de » nous la reprendre ! »

» Ce ne fut qu'un sanglot !

» Nous rentrâmes atterrées à la chapelle, où le point de méditation ne fut pas lu.

» Il nous semblait qu'un vide immense pesait sur la maison. » (Sr Y.)

C'était la première novice qui mourait au noviciat.

A genoux ! A genoux ! Ah ! je vous en conjure,
Qu'en votre cœur brisé se taise le murmure.
Que rien, en ce moment, ne profane l'adieu.
Elle part ! Suivez-la dans sa route infinie,
Et puis vous comprendrez que cette enfant bénie
Etait la part de Dieu.

Le P. Pernet, en tournée à Saint-Étienne, qui suivait, jour par jour, anxieux, les phases de la maladie, écrivit tout de suite :

« Mes pauvres enfants, avec vous, et, comme vous, je dis au bon Dieu : « Mon Père, mon » Père, aujourd'hui et toujours, en tout et pour » tout, non ce que je veux, mais ce que vous » voulez ! » Mais, quel sacrifice et quel chagrin ! Je ne retrouverai plus, en notre parterre, notre si douce, si charmante, si parfaite fleur, Marie-Lucie !

» Notre-Seigneur l'a cueillie pour la transplanter dans son paradis. Il a bon goût dans ses choix. Elle ne le déparera pas. »

Mais rien, peut-être, ne donne mieux la mesure de ce deuil que cette réflexion, un mois après l'événement, de la maîtresse des postulantes,

l'austère Mère Madeleine, si virile et si forte :
« Je ne puis le croire encore et je n'arrive pas
à en prendre mon parti. Je bénis la Providence
de m'avoir séparée, depuis un an, de Sœur
Marie-Lucie, car, si elle était morte entre mes
mains, j'aurais scandalisé la communauté par
ma douleur. »

Les télégrammes, les lettres de la *Louisiane*
et de Reims attestaient, chez les siens, le même
déchirement du cœur, la même détresse de l'âme,
mais aussi pareille sérénité dans la foi. Plus
que jamais, la famille du sang se retrouvait unie
à la famille religieuse, dans une soumission absolue à la volonté de Dieu, dans la prière et
dans les larmes.

Le recueillement si impressionnant des jours
de grand silence, aggravé de tout le poids du
deuil, planait sur la maison, car chacun se sentait personnellement atteint par la mort de cette
Petite-Sœur.

Jour et nuit, novices, postulantes et professes
se succédaient, sans interruption, près de son
lit ; et là, « à genoux, nous ne la quittions pas
des yeux. Je ne croyais pas qu'on pouvait tant
s'aimer dans la vie religieuse. » (Sʳ X.)

« Sa bouche, restée ouverte après la mort et
qu'on avait, à dessein, laissée telle, parce qu'on
ne voulait rien toucher avant l'arrivée du méde-

cin, s'était refermée d'elle-même. Et maintenant, elle souriait, mais d'un sourire si naturel, si nettement accentué, qu'on en fut impressionné. » (Sr F.)

« Elle était belle, d'une beauté céleste, et son sourire angélique semblait nous demander de ne pas pleurer son bonheur. » (M. B.)

« On ne se rassasiait pas de la contempler, car sa physionomie si douce, radieuse, apaisait la douleur, et cela faisait du bien. » (Sr ***.)

Le dimanche, on la descendit à la chapelle basse du grand couvent.

Il était 5 heures du soir. Le temps était superbe et la terre couverte d'une belle couche de neige, fraîchement tombée, sur laquelle flottait encore un dernier rayon de soleil couchant.

« Nous la portions nous-mêmes, à découvert, en psalmodiant des prières, que l'émotion ne nous permettait pas de chanter.

» Ce long cortège de voiles blancs s'harmonisait avec le linceul immaculé qui s'étendait sous nos pas.

» On eût dit une jeune martyre des premiers siècles que les chrétiens, le soir, portaient aux catacombes. Scène émouvante, d'une beauté antique, si pure, si virginale que nous ne l'oublierons jamais.

» Nous pleurions beaucoup. Mais elle, la chère

Petite-Sœur, souriait toujours au milieu des lys qui garnissaient sa couche.

» Qu'elle était donc belle ! Sur son voile de novice, on avait posé la couronne de roses blanches de sa prise d'habit : et, dans ses mains jointes, le crucifix que nous recevons à l'autel, le jour de la profession. »

On la déposa près du tombeau de la fondatrice. Elle y fut exposée jusqu'au lendemain après le service.

Des dames servantes, des amis, des ouvriers, des pauvres purent la voir ainsi et se joindre à la famille pour prier auprès d'elle. Elle inspirait un sentiment de vénération si profond qu'on ne se retenait pas de lui faire toucher des chapelets et des médailles.

.     .     .     .     .     .     .     .     .     .     .     .     .     .     .

On eut pitié de l'inconsolable douleur du père. On lui rendit sa fille, et la Petite-Sœur repose, à Reims, dans le tombeau de la famille.

Quand on ramena son corps, le cardinal dit à la Supérieure générale et à la maîtresse des novices, qui avaient voulu suivre leur enfant jusqu'au bout : « C'est une semence de choix que vous mettez en terre : elle y germera. »

Le 4 mars 1901, on vit descendre d'un wagon de troisième classe, en gare de Reims, perdues dans la foule anonyme, indifférente et affairée, que les trains jettent pêle-mêle sur les quais, cinq Petites-Sœurs, toutes jeunes, graves, émues, qui débarquaient, joyeuses et confiantes, dans l'inconnu, sous la conduite de la Supérieure générale et de la maîtresse des novices.

Le petit groupe s'en alla tout droit au cimetière, à la tombe de Sœur Lucie.

Un moment, on hésita. Mais les yeux se comprirent, et ce fut le *Magnificat* qui jaillit spontanément du cœur et des lèvres des Petites-Sœurs apôtres.

C'était une fondation, un essaim de Grenelle, que Sœur Lucie attirait à Reims.

Déjà le grain de blé montait en herbe pour les prochaines moissons.

C'est-à-dire que les desseins de Dieu, sur cette enfant, ne paraissent plus tellement impénétrables qu'en y regardant de près, on n'en découvre la trame.

Il la menait à la perfection, par la voie austère du sacrifice et de l'immolation.

Elle avait répondu, jusqu'alors, à toutes les provocations de l'amour divin, dans la sécheresse et dans la nuit, parce qu'elle avait reçu grâce de lumière pour en comprendre le prix.

Elle touchait au terme de son initiation. Elle avait en main l'instrument du travail. Il ne lui restait plus qu'à réaliser, dans l'action, au jour le jour, sa valeur acquise : et, de toute son âme, elle allait s'y mettre.

L'eût-elle pu faire sans sortir de son régime? N'eût-elle pas rencontré, dans la mission, ces joies vives qu'elle y avait pressenties, qui passionnaient son cœur et au milieu desquelles, peut-être, son zèle ardent risquait de se replier sur lui-même, satisfait?

Comme il était écrit que sa vertu devait être sevrée de toute consolation ici-bas, Dieu l'a dispensée du travail, lui réservant quand même, par équivalence, dans les épreuves de la vie religieuse et dans les douleurs accumulées des derniers jours, le mérite de toutes les souffrances qui auraient sanctifié les années de son apostolat.

Et parce que cette vie écourtée portait en elle-même de merveilleux éléments de fécondité, il a béni, à cause d'elle, les œuvres de sa Congrégation.

Car, dans l'économie du monde surnaturel que régit la loi des solidarités mystiques, par suppléances et par échanges, par cette mystérieuse répercussion des prières et des sacrifices, des désirs et des actes, des saintes ardeurs impuissantes et des énergies productrices, aucun fragment, aucune parcelle de force ou d'influence ne demeure stérile : rien ne se perd; rien ne s'oublie.

Une part revient donc à Sœur Lucie du bien qu'on a fait en son nom.

Si son exemple a rendu ses compagnes meilleures ; si elle est l'ange tutélaire du noviciat ; si, parce qu'elle y a passé et qu'on s'en souvient toujours, la ferveur y est plus intense et l'abnégation plus profonde ; si on y estime davantage la vie religieuse et qu'on s'y prépare mieux à la mission ; si le feu qui dévorait son âme a embrasé d'autres âmes ; si ces pages trop froides laissent à cette physionomie, à ce tempérament d'apôtre, assez de relief, assez de vie pour susciter toute une génération d'apôtres qui iront prendre sa place dans le rang et faire les œuvres qu'elle n'a pu faire, il sera évident que cette vie, apparemment inemployée, aura puisé dans la mort, avec une puissance de rayonnement inattendue, une extraordinaire fécondité, et que, semblable à celui de l'Évangile, ce grain de pur froment, que d'aucuns croyaient perdu parce qu'on le mettait en terre, aura rendu soixante et cent pour un.

# CHAPITRE VII



La Petite-Sœur idéale !

On n'ose aller plus loin, il faut veiller sur sa plume pour retenir, jusqu'au bout, le mot qui n'en doit point tomber. Car il est si grand, si grave, si resplendissant de transcendante beauté, qu'on ne sait plus s'il est de la terre ou du ciel et que l'Église s'en réserve l'emploi, parce que seule elle peut dire, sans témérité, où commence la sainteté.

Nous distinguons très bien, encore qu'il soit aisé de s'y tromper, le moment où la vertu sort une âme de la foule, la classe parmi l'élite, et même au premier rang des meilleures.

Nous nous rendons bien compte que l'on peut aller à la sainteté par d'autres voies que les voies extraordinaires ; que les faits surnaturels, extases et miracles, attestent la sainteté plutôt qu'ils ne la font ; qu'ils se manifestent ailleurs que chez les saints ; que bien souvent, là même où l'on n'en trouvait pas la moindre trace, on a rencontré la sainteté, et qu'en définitive ce qui constitue l'excellence et la dignité des êtres dans le royaume de Dieu, ce n'est ni leur nature, si richement douée qu'elle soit, ni leur fonction, si sublime qu'elle puisse être, ni l'éclat des œuvres, ni la durée de la tâche, mais la perfection de leur amour.

C'est Dieu qui pèse et qui juge.

Il ne nous est point interdit, pourtant, lorsqu'une créature d'élite a passé tout près de nous, par nos pauvres chemins, de noter ce que nous avons vu, ce qu'on nous a redit : des faits, des témoignages et des impressions qui suffisent, sinon à déterminer le poids exact de son âme, du moins à nous en révéler la beauté.

Car il y a profit toujours à lever les yeux vers ces vies plus parfaites qui ont voisiné avec la nôtre. Un charme pénétrant s'en dégage, qui nous incite d'autant plus à monter, pour les suivre, que nous les sentons plus proches de nous et que, pour les rejoindre, l'effort paraît moins rude.

On n'a visé, ici, à rien de plus, en faisant revivre cette figure si attachante de novice, en incarnant, sous ses traits, le type de la vraie Petite-Sœur.

Elle a été et elle reste la Petite-Sœur idéale.

Dire cela de Sœur Marie-Lucie, ce n'est point trop dire : les pages qui précèdent en font foi. Celles qui vont suivre prouveraient plutôt que ce n'est point assez.

Mieux que personne, la maîtresse des novices avait le droit de parler de Sœur Lucie; car, mieux que personne, elle était à même de le faire.

Pendant dix mois, elle a lu, comme en un livre ouvert, dans cette âme limpide, soucieuse d'être connue de ses supérieurs, non pas en vue de leur estime, mais, au contraire, pour qu'on n'ignorât rien de ses faiblesses ou de ses défauts. Elle a suivi, heure par heure, le travail intime de sa formation religieuse. Elle l'a vue monter. Elle a guidé ses ascensions. Elle en savait le prix.

Or, elle déclare qu'elle s'était élevée à un tel degré de perfection qu'on n'arrivait plus « à discerner en elle un côté défectueux ».

« Tout était donné chez elle, l'esprit comme la volonté. Elle acquiesçait avec empressement aux directions de la vie religieuse. Elle s'en nourrissait avec une sainte avidité. Les exercices spirituels la ravissaient. Elle avait faim et soif des choses de Dieu. Son âme se fondait en entendant les instructions, les cours du noviciat. L'Histoire ecclésiastique, l'Année liturgique, tout ce qui élevait l'esprit, tout ce qui l'éclairait, la captivait. Elle comprenait si bien que plus il y aurait de lumière dans son intelligence, plus, dans sa piété, il y aurait de vigueur, et que sa vertu croîtrait en proportion de sa foi! Aussi, avec quelle ardeur elle s'initiait à la science qui fait les saints!...

» Très unie à Notre-Seigneur, elle maintenait sa vie intérieure dans un recueillement habituel qui n'enlevait rien à son aménité et qui édifiait profondément autour d'elle.

» Toujours aimable, épanouie, expansive, elle redevenait grave dès que l'heure de la prière arrivait. A la chapelle, elle se tenait droite, les mains jointes, à peine posées sur le prie-Dieu. Jamais on ne lui vit une tenue nonchalante ou seulement négligée...

» Quelle âme de foi! foi toute simple, toute nue, sans consolations! Elle connaissait la volonté de Dieu sur elle et cela lui suffisait....,

» On ne se serait pas douté que l'obéissance lui coûtait plus que tout, tant elle s'y donnait sans réserve, toujours docile et soumise au premier signe. Rien ne lui semblait trop difficile. Elle allait vaillamment jusqu'au bout, sans céder, comme d'autres le font, à la lassitude et au découragement. Et, à voir son entrain, on aurait pu croire que ce qu'on lui demandait était précisément ce qu'elle désirait faire.....

» Avec elle, pas de phrases inutiles, pas de longues explications. Prête toujours, elle n'attendait qu'un mot, qu'une indication pour agir.

» Ses entretiens avec les supérieurs étaient simples, précis, très courts. Elle n'était point de celles qui cherchent à ce que l'on s'occupe d'elles et qui trouvent qu'on ne leur consacre

jamais assez de temps..... Elle y allait si ron-
dement, que la tâche, avec elle, était aisée.....

» Il est rare de rencontrer une personne si
parfaitement douée, si complète, et, en même
temps, si humble. Elle semblait ignorer ses
qualités et ne pas se douter de ses succès. Elle
se prêtait à tout avec une simplicité qui charmait.
Son égalité d'humeur ne se démentait jamais.
Elle était délicieuse; d'une affabilité exquise,
dans la vie commune, avec les Sœurs. Elle se
donnait à toutes; mais les plus petites, les
moins douées avaient ses préférences.....

» Quel entrain, quelle vie elle apportait aux
récréations! Elle les animait par sa gaieté, son
intelligence, son esprit vif et toujours si parfaitement dans la note religieuse.

» On a dit sa charité, son zèle pour la mission,
son amour pour sa Congrégation.

» Son cœur brûlait du désir de l'apostolat et
tous ses efforts tendaient à acquérir les vertus
qui font les apôtres. Pour y arriver, elle ne
reculait devant aucun sacrifice.

» Avide de mortifications, elle ne négligeait
aucune des pénitences permises par la règle.

» Son détachement de toutes choses était
absolu. Dès qu'elle s'apercevait qu'elle tenait
encore, si peu que ce soit, à un objet, aussitôt
elle s'en dépouillait, estimant insensé qu'après
avoir brisé les câbles qui la retenaient dans le

monde, son élan vers Dieu pût être arrêté, dans la vie religieuse, par de si menus fils. Elle voulait son cœur libéré de ces petites attaches, mais crucifié aussi en ses sentiments les plus intimes, dans l'ordre des affections de la famille, qu'elle surnaturalisait chaque jour davantage.

» La mort à elle-même s'opérait ainsi progressivement d'une façon étonnante, grâce à la mortification incessante de son imagination et de son cœur qu'il lui fallait tenir en bride.

» Elle se plaignait souvent de ne pas sentir assez la pauvreté matérielle. Elle en prenait prétexte pour s'enfermer plus rigoureusement dans l'esprit de cette vertu.

» Religieuse avant tout, religieuse en toutes choses, elle concentrait toutes ses énergies dans sa vocation. Sa voie était tracée, elle y marchait à pas de géant, sans jamais dévier ni regarder en arrière.

» On voyait que, dans tout ce qu'elle faisait, plaire à Dieu était son unique passion. Pour elle il n'y avait rien de petit au service de Dieu et elle savait, sur des pointes d'aiguille, établir solidement l'édifice de sa perfection..... »

Ce qu'écrivait la supérieure, avec l'autorité de son jugement et la longue expérience de son ministère, les novices le répétaient entre elles, avec la conviction et la sincérité de compagnes

qui ont vécu de la même vie, qui se sont effor-
cées à la même tâche et qui, pour s'être heurtées,
à chaque instant du jour, aux mêmes difficultés,
savent, lorsqu'elles parlent de vertu et de sacrifice, ce que les mots veulent dire.

Si donc cette belle page de M. B... avait eu
besoin d'un commentaire, elle l'aurait trouvé
dans les conversations des novices.

La mort de Sœur Lucie laissait libre cours
aux confidences. On causait à cœur ouvert; et, à
la lumière de ces révélations spontanées, la perfection de celle qu'on pleurait finit bientôt par
resplendir d'un tel éclat que l'habitude se prit
et s'imposa d'en faire l'exemplaire-type de la
Petite-Sœur.

Que disait-on dans les groupes?

Nous le savons, puisqu'on a fait aux novices
une obligation de consigner ensuite leurs souvenirs par écrit, tant ils parurent intéressants et
caractéristiques.

Une voix raconte des incidents qui mettent
en relief « sa grande piété », et elle ajoute que
« d'ailleurs, on était sûr de trouver Sœur Lucie
en prières, à la chapelle, toutes les fois que son
devoir lui laissait un instant de liberté. » (Sr Y.)

On a remarqué que, « seule de toutes les sacristines, elle avait obtenu une flamme vive et
régulière de la lampe du sanctuaire, très difficile à entretenir; et que, le jour où elle tomba

malade, la flamme baissa au point qu'on fut obligé de s'en occuper constamment ». (Sʳ M. M.)

D'autres affirment « ne l'avoir jamais vue manquer au silence » (Sʳ M. A.), « ni perdre une minute » (Sʳ M. de l'E.), « ni faire quelque chose de mauvaise grâce » (Sʳ M. A. — Sʳ A. de la C.), « ni témoigner un mouvement d'humeur » (Sʳ M. de J.), « ni critiquer quoi que ce soit, dans la maison » (Sʳ E.).

Ici, on insiste sur sa distinction : « En elle, tout était grand, élevé, le cœur, les sentiments, les idées! « (Sʳ M. de la P.) « Quand, dans les conférences ou dans les lectures, on tombait sur quelques belles pensées, sur un trait plus saillant, plus saisissant, je voyais toujours un éclair passer dans ses yeux et sa physionomie rayonnait d'émotion. » (Sʳ R.) « Je n'oublierai jamais l'expression avec laquelle, sortant un jour du parloir, elle me dit, à la récréation : « Oh! il faut » que je vous fasse partager ce que j'ai éprouvé » tout à l'heure, lorsqu'on m'a expliqué l'union » de l'âme religieuse avec Notre-Seigneur! » Et elle me parla alors de Notre-Seigneur, de Dieu, avec quelque chose de si saint dans la physionomie, que je la regardai longtemps sans me lasser. » (Sʳ S. E.) « Elle voyait tout de haut : et, quoique nous étant supérieure en toutes choses, elle ne le faisait jamais sentir. » (Sʳ X.) « Il semblait que l'on pût tout lui dire, comme aux supérieurs. Je ne l'ai jamais considérée comme l'une de nous. » (Sʳ Y.) Avec cela, « elle était si simple et si bonne qu'on avait l'impression de l'avoir toujours connue. » (Sʳ Th.-M.) — « J'avais pour elle beaucoup d'affection, mais aussi un très grand respect. » (Sʳ S.-E.)

Là, on rappelle « qu'elle avait une prédilection pour les Sœurs timides, désagréables ou maladroites, celles qu'on délaisse et qu'on oublie » (Sʳ M. de la P. — Sʳ M. de J.), « qu'elle entourait de sollicitudes les plus petites, les disgraciées, peu favorisées physiquement, moins sympathiques » (M. B.), « parce qu'elles » sont souvent mortifiées, disait-elle; j'aime » leur nature simple et droite : le bon Dieu ne » leur a pas donné autant d'intelligence, mais » quel cœur, et quel dévouement! Je voudrais » être comme elles! » (Sʳ Fr.)

Ailleurs, on échange des impressions. « Je l'ai toujours considérée comme une âme très avancée dans la vertu. Rien que de la voir, cela me rendait meilleure. » (Sʳ M.-H.)

« Elle a toujours été pour moi un sujet d'édification. Je l'avais même remarquée pendant mon postulat. Toutes les fois que j'étais mal entrain, tentée de manquer au silence, paresseuse à obéir, je n'ai eu qu'à la regarder pour réveiller ma bonne volonté et retrouver mon énergie. » (Sʳ A.)

« Elle m'a fait beaucoup de bien par ses conversations toujours élevées et surnaturelles. » (Sʳ B.)

« J'aimais à la suivre des yeux dans tout ce qu'elle faisait, parce que je voyais en elle la Petite-Sœur telle qu'elle doit être. » (Sʳ M.-A.)

« Sa simplicité avait quelque chose de si attrayant, qu'elle vous poussait à la vertu. » (Sʳ M. de la P.)

« La vue de Sœur Lucie me rappelait cette parole de l'Écriture : « L'amour est l'accomplis» sement de la loi ; » car on sentait que sa ponctualité rare et les délicatesses de son obéissance venaient de son amour. » (Sʳ E.)

« En quatre ans, je n'ai pas connu une seule novice plus parfaite que celle-là. » (Sʳ X.)

« Sa vertu était si parfaite, qu'elle revêtait ses moindres actes d'un charme inexprimable. » (Sʳ M.)

« Il m'arrivait souvent de la contempler longuement, parce qu'elle m'édifiait. Elle s'en aperçut un jour et me demanda pourquoi je la regardais ainsi. J'aurais voulu lui crier : « Si » vous saviez comme vous me faites du bien ! » (Sʳ S.-E.)

« Quand j'eus quitté le noviciat, j'avais plaisir, pour me consoler, à voir arriver les novices à la messe. Mon regard, un jour, s'arrêta sur Sœur Lucie. Sa physionomie expressive était d'un tel calme, profondément recueillie, avec quelque chose de si rayonnant, de si transparent, que j'en fus frappée; et je pensais : « On voit bien que son noviciat touche à sa fin ! » Que sera cette Petite-Sœur plus tard? Et j'avais pris l'habitude de la suivre ainsi des yeux jusqu'à sa place, en me disant : « Tâche de lui ressembler ! » Je vois encore son grand air. » (Sr E.)

« Bien souvent, quand toute la communauté était rassemblée, les jours de fête, je songeais à l'histoire de notre Congrégation, à son avenir, à son extension. Mes yeux alors fixaient notre vénérée fondatrice, dont le grand portrait décore le fond de la salle, juste au-dessus de la chaire; puis ils se reposaient sur notre Mère générale, qui lui succéda immédiatement et qui présidait la réunion; et ensuite, d'instinct, comme malgré moi, ils se tournaient vers les petits voiles blancs du noviciat, pour y chercher Sœur Lucie. C'était plus qu'un pressentiment, autre chose qu'une de ces idées fugitives qui surgissent parfois dans l'esprit. J'avais l'impression nette que Dieu nous l'avait envoyée, comme une bénédiction, pour rendre plus tard de grands services à notre Congrégation. » (M. ***.)

Il n'est pas ordinaire qu'une novice perdue dans le rang attire, à ce point, l'attention de ses compagnes et exerce, sur toute une communauté, une pareille influence, « sans qu'elle s'en doute elle-même. » (Sʳ M.-A.)

Chacun de ces détails n'est rien ou pas grand' chose ; mais l'ensemble est d'une extrême importance ; car tous ces petits mots qui se répètent, qui s'additionnent, tous ces témoignages accumulés, qui se complètent, en disent long et en laissent deviner plus encore (1).

Une professe écrit à la maîtresse du noviciat : « Je n'ai jamais eu l'occasion de parler à Sœur Lucie, mais je la regardais, et cela me valait toutes les conversations. Il m'a toujours semblé voir en elle une de ces âmes « dont le regard

______

(1) Avec toutes les réserves que comporte la nature des choses, il faut noter ici, sans plus le juger qu'elle ne l'a jugé elle-même, un fait rapporté par une Sœur professe, dans les tout premiers jours de mars, cinq ou six semaines après la mort de Sœur Lucie.

« Je me rendais à la chapelle du noviciat, pour l'office, de grand matin, — il pouvait être 5 h. 20, — lorsque j'entendis très distinctement un chant si pur, si suave, que je m'arrêtai instinctivement pour en jouir. La voix venait de la sacristie. J'en étais tellement sûre, qu'après avoir écouté un moment, j'y suis allée pour me rendre compte, et ma surprise fut extrême de n'y trouver personne. Persuadée alors que, si ce n'était là, ce devait être tout proche, j'ouvris la porte du parloir : le parloir était désert. Intriguée, je me demandai si, pour une raison que je ne m'expliquais point, notre Mère n'aurait pas avancé le mois de saint Joseph : les novices, sans doute,

» s'était posé sur Notre-Seigneur », selon l'expression de Lacordaire.

» Vous nous avez dit que son régime de vie intérieure était plutôt pénible. Peut-être ne vous avait-elle pas révélé encore le secret de son union intime avec Dieu. Car je ne peux pas croire, d'après l'impression qu'elle m'a faite, que les joies et les consolations spirituelles lui étaient inconnues.

» Je l'étudiais à la chapelle, pour me confirmer dans mon sentiment, et elle m'a toujours fait l'effet d'une âme supérieure.

» Je ne l'ai vue agir de près qu'au réfectoire,

chantaient à la chapelle? Mais, là encore, silence et recueillement; il n'y avait aucun exercice.

» A peine étais-je agenouillée à ma place, que j'eus l'intuition, comme un éclair, que la voix était la voix de Sœur Lucie; cette voix si chaude, d'un timbre si pur, d'un accent si suave qui nous charmait à la chapelle. Nous la connaissions trop bien pour qu'aucune de nous ait pu s'y méprendre. Quant à moi, j'en eus la conviction si nette, que je m'en voulais presque d'avoir pu hésiter un seul instant.

» On aurait dit que ces chants accompagnaient un cortège, une procession. Je me rappelle qu'il y avait, par moment, trois voix; mais celle qui dominait toujours et qui, parfois, se faisait entendre seule, c'était bien la voix de notre chère Petite-Sœur. » (Sʳ ⁕⁕⁕.)

La professe qui parle ainsi était d'âge mûr, de sens rassis et de jugement très droit.

lorsqu'elle servait. Elle y mettait beaucoup d'aisance et d'entrain. Mais il y avait, dans son regard, quelque chose qui la distinguait de toutes les autres. » (M. ***.)

Jamais, en effet, les Sœurs n'avaient soupçonné son état d'âme, son épreuve, cette sécheresse, cette aridité de la foi, dans le noir, qui décuplait le mérite de sa vertu.

A voir sa constance dans la ferveur, sa générosité dans l'action, sa fermeté dans le devoir, son zèle insatiable, sa sérénité, sa bonté, elles étaient convaincues que Notre-Seigneur la comblait de ces faveurs spirituelles qui lui étaient, au contraire, si rigoureusement refusées.

« J'étais heureuse lorsque, pour la communion, je me trouvais tout près d'elle. Je demandais à Notre-Seigneur de me faire éprouver quelque chose de ce qui devait se passer en elle, à ce moment.

» De même, à l'oraison, que de fois je l'ai regardée avec envie, en répétant tout bas : « O mon Dieu ! si seulement je savais vous dire » ce que vous dit Sœur Lucie ! » (Sr S. E.)

Ce mystère de mortification spirituelle, qui maintenait son âme sur le Calvaire, avec la croix toute nue, leur a donc échappé ! Mais, malgré qu'elle ait mis toute son habileté à leur donner le change, elles l'ont prise assez souvent sur le fait, pour savoir jusqu'où allait la mortification qu'elle imposait à son corps.

Elle s'en tenait aux pratiques de la communauté en ce qui concerne les disciplines et autres pénitences de règle; car, par humilité, et aussi parce que cela plaisait à sa simplicité, c'était chez elle un principe, aussi rigide qu'un parti pris, de faire comme tout le monde, de ne se singulariser en rien.

Rester sous le joug, se plier à la règle, partout; en garder l'esprit, toujours, voilà son régime pratique de pénitence : *vita communis, mea maxima pœnitentia* : la vie de dépendance, de sujétion constante, d'abnégation perpétuelle!

Elle empruntait sa devise à saint Stanislas Kostka, qui n'avait pas conçu autrement son plan de perfection, et dont la vie religieuse fut réduite, comme pour elle, à dix mois de noviciat.

Deux lignes de ses notes intimes trahissent cette préoccupation : « J'ai pris la résolution de réparer, par un sacrifice, chacune de mes négligences dans l'observation de la règle et d'acquiescer intérieurement à la volonté de mes supérieurs! »

Elle trouvait donc là des compensations secrètes, dans ces mille petites privations, dont la piqûre répétée est plus crucifiante souvent que de grands coups frappés de loin en loin.

« En tout — et cela datait de loin — elle choisissait ce qu'il y avait de moins bon, de plus défectueux. » (Sʳ M.)

« Elle se montrait toujours satisfaite de tous et de tout. » (Sʳ M.-E.)

« Elle s'appliquait à n'attirer jamais l'attention sur sa personne. Mais, sous cette régularité de vie, quelle mortification ! » (Sʳ M.-H.)

« Pendant que je préparais les tables, elle me demanda un jour si elle pouvait prendre une petite bouchée de pain, qui se trouvait là sous sa main, parce qu'elle souffrait de l'estomac. Je lui proposai un peu de lait, ou plus de pain. Elle sursauta alors en disant : « Comme il faut » que je sois immortifiée pour ne pas savoir » supporter un malaise sans adoucissement ! J'ai » beaucoup de regret d'avoir pris cette bouchée » de pain. » (Sʳ M. de la P.)

« Fatiguée un matin, elle n'avait pu déjeuner. On m'avait chargée de lui porter du thé. Je me souvins, trop tard, que j'avais oublié de le sucrer. Elle m'avait dit pourtant qu'il était très bien. Je lui en parlai ensuite. Elle avoua, en souriant, ma méprise. » (Sʳ J. du C.)

« Après le service, au réfectoire, elle s'arrangeait pour prendre adroitement, dans les restes, ce qu'il y avait de moins appétissant. » (Sʳ X.)

» Y avait-il un fruit gâté, elle trouvait moyen de se l'adjuger, en ayant l'air de s'occuper des autres. » (Sʳ M.)

« Elle prenait les devants pour couper le pain, afin de garder l'entame, dure et desséchée. » (Sr M.-H.)

« Une fois, elle avait passé son verre pour avoir de l'eau. On lui en rendit un autre, par mégarde. Elle s'en aperçut très bien et but sans faire remarquer l'erreur. » (Sr M.-A.)

« Encore postulante, elle dit à une novice qui avait très soif et qui attendait la Sœur pour lui demander la permission de boire : « Sauvez-» vous vite et gardez votre soif. Ne perdez pas » l'occasion d'un sacrifice! » La novice la remercia et s'en alla sans boire. » (Sr M.-D.)

« A la cuisine, elle s'occupait rarement des assiettes, parce qu'elle allait tout droit aux chaudrons. Mais, quand l'eau était trop chaude et que nous hésitions à y plonger les bras, elle arrivait, en riant, nous ôter les assiettes. Et si nous l'en empêchions : « Pourquoi une autre » plutôt que moi? C'est autant de fait pour le » Purgatoire! » (Sr A.-M.)

« Elle m'a donné, un soir, dit la Novice infir- mière, une leçon de patience qui m'a profité.

» A la porte de l'infirmerie, pendant le grand silence, lorsque la communauté montait au dor- toir, je donnais de la glycérine aux Sœurs qui souffraient de crevasses ou d'engelures.

» A cause de sa charge, Sœur Lucie avait été retenue à la chapelle. Ma bouteille était rangée sous clé et je sortais pour gagner ma cellule, lorsqu'elle se présenta, en tendant, sans rien dire, ses deux mains enflées et crevassées. Moi, méchante, je fis signe que non, qu'il était trop tard, qu'il fallait venir avec les autres!

» Alors, sans humeur, sans bouderie, **sans** l'ombre même d'un froissement, elle eut un geste et un regard qui voulaient dire : « Pardon ! » et elle s'en allait. Mais, touchée de tant d'humilité, je la retins. Je courus chercher mon flacon et lui mis deux gouttes, au lieu d'une, **sur** chaque main.

» Elle parut étonnée de ma prodigalité; et, le lendemain, elle vint, non s'excuser, mais s'accuser de son retard et me remercier — en demandant pourquoi j'avais doublé la dose — de ces deux gouttes « qui lui avaient fait tant de » bien! — Il en fallait bien une de plus, lui dis-» je, pour faire oublier ma mauvaise humeur. »

» Je ne me rappelle plus les termes de sa réponse, mais ils étaient si délicats que j'en fus tout émue. » (Sr E.)

« Pendant sa maladie, au milieu des **plus** cruelles souffrances, elle me dit quand j'arrivai près d'elle, pour passer la nuit : « Ne demandez » pas au bon Dieu de diminuer mes douleurs, » mais seulement que j'aie plus de force et plus » d'amour. — Je le veux bien; mais après qu'on » vous a vue tant souffrir, si on nous enten-

» dait, que penserait-on de nous? — Ne le dites
» pas, ma Sœur, mais faites-le. » (S<sup>r</sup> J.-Fr.)

« Nous discutions un soir, en récréation, sur
ces paroles de sainte Thérèse et de sainte
Madeleine de Pazzi : « Souffrir ou mourir ! —
» Toujours souffrir et ne jamais mourir ! »
Comme Sœur Lucie arrivait, nous lui deman-
dâmes laquelle des deux elle préférait : « Je
» crois, dit-elle, que, pour nous, c'est mieux de
» souffrir et de ne rien dire. »

Ils sont assurément expressifs, ces cris
d'amour qui ont jailli, comme jaillit la flamme,
des cœurs embrasés de ces deux saintes, et l'on
s'en est souvenu.

Mais le mot de Sœur Lucie : « Souffrir et ne
rien dire ! » que l'on ne songe point à mettre sur
le même plan que les deux autres, a bien aussi
son accent, sa note personnelle; pour sonner
moins haut, sur un ton qui diffère, il n'en sonne
pas moins clair; et c'est assez de l'avoir entendu
une fois pour qu'on ne l'oublie plus.

Toutes les âmes ardentes ne règlent pas leur
élan sur le même rythme. La force qui les sou-
lève, l'ardeur qui les entraîne, le feu qui les
embrase, la grâce, rayonne en chacune sous des
formes diverses, ici en chaleur, là en lumière,
ailleurs en discrète énergie.

Ces transports d'amour en sainte Thérèse et

en sainte Madeleine de Pazzi n'ont rien prouvé
d'essentiel que les menus faits de leur vie courante n'aient déjà prouvé tous les jours, car il
n'y a rien de petit dans la vie des saints. Leur
vertu s'atteste par tout ce qu'ils font; en sorte
que Dieu, qui s'inquiète du cœur plus que des
mains, la lit aussi bien dans un simple geste,
dans une œuvre chétive, **que dans une action
d'éclat.**

Notre Petite-Sœur, pénétrée de cette doctrine,
n'ignorait pas la valeur que peuvent prendre,
dans la vie religieuse, tous ces petits riens où
resplendit, comme les feux du soleil dans une
gouttelette de rosée, l'amour ardent des saints.
Elle s'appliquait, selon l'expression de sa supérieure, « à établir, sur des pointes d'aiguille,
l'édifice de sa perfection ».

Elle ne distinguait pas, entre petites et grandes
occasions. Elle répondait à toutes, n'en négligeait aucune, généreuse toujours, généreuse en
tout, plus empressée surnaturellement à obéir,
pour obéir, pour dire oui à Dieu, que préoccupée humainement des éléments matériels de
l'obéissance, du temps, du lieu, de l'heure, de
la qualité des personnes, du comment et du
pourquoi des choses.

Elle avait poussé jusqu'à l'excès, jusqu'à la
fièvre, jadis, l'amour de l'indépendance; volontiers, elle aurait dit autrefois, en retournant les

mots : *Non tua voluntas, sed mea fiat.* Elle a poussé ensuite, au noviciat, jusqu'aux plus extrêmes délicatesses, l'amour de l'obéissance.

Et c'était réfléchi, voulu. « Je n'ai jamais si bien compris que maintenant que la sainteté consiste à faire parfaitement les petites choses de chaque jour. » (R. de c.) « J'ai considéré que, dans les petites choses, le démon essaye souvent de nous faire tomber, pour nous amener à négliger les plus importantes. » (R. de c.)

Elle voyait comme cela, elle agissait de même.

« Elle tenait compte des moindres avis. Elle était très fidèle aux plus minimes observances. » (Sʳ M. de J.)

A une Sœur qui lui disait : « C'est curieux comme vous pensez aux petits détails en toutes choses » ; elle répondait : « Vous avez donc oublié » qu'on nous rappelle sans cesse qu'il faut s'ef- » forcer d'être fidèle dans les petites choses, » pour se préparer aux plus grandes ! » (Sʳ M. de la P.)

Dès le début de son noviciat, elle insiste, en la précisant, sur une détermination qui revient comme un refrain, sous des formes diverses, dans ses notes intimes : obéir à la cloche tout de suite, sans biaiser. « Je prends la résolution de poser mes pinceaux au premier coup de cloche, et d'offrir, chaque fois, à Notre-Seigneur

la mortification que m'impose cette ponctualité. » (R. de c.)

Elle peignait alors un saint Augustin et une
sainte Monique, pour la chapelle du noviciat.

Ce qu'elle dit de son pinceau, elle le fait pour
sa plume. A partir de cette époque, il n'est pas
rare de trouver dans ses notes, dans ses cahiers,
des arrêts brusques :

« Je dois me rapprocher le plus possible de
Notre-Seigneur ; j'ai demandé..... »

« Je ferai un acte d'amour, chaque fois que
mon imagination m'entraînera au bord de la
mer et..... »

En maints endroits, la phrase reste ainsi en
suspens, quelquefois le mot est coupé net, et
même la lettre ébauchée ne s'achève pas, parce
que la cloche a sonné.

« J'ai pensé que si les saints n'avaient pas été
plus généreux, ils n'..... »

« J'ai pris la résolution d'..... »

« J'ai manqué au silence, en demandant une
explication dont je pouvais me passer et i..... »

*Je me suis humiliée de
n'avoir pas comme les Mages
un vif esprit de foi qui fait
tout surmonter et j'ai pris
la r...*

Et celle qui a fait cela, parce qu'elle en avait pris la résolution et qu'elle avait fini par en contracter l'habitude, c'est celle à qui on reprochait, il y a seulement quelques mois, « de faire trop de bruit, d'être trop vive, trop brusque, trop spontanée, trop peu maîtresse de ses premiers mouvements »; celle qui s'écriait, confuse d'avoir été surprise encore dans un de ces élans irréfléchis : « Dire qu'on me demande si peu et que je ne le fais pas ! » celle qui déclarait à sa supérieure, en entrant au noviciat : « Mon défaut dominant, c'est l'indépendance »; celle qui avait écrit, dans son élection : « Ce à quoi je tiens le plus, je vous le livre, ô mon Dieu : mon cœur et ma volonté », et, dans sa retraite de prise d'habit : « Que ma volonté ne soit plus mienne, mais toujours conforme à la vôtre, telle que l'obéissance me la manifestera »; celle, enfin, qui avouait, dans ses confidences intimes, « que de laisser ainsi un ouvrage au son de la cloche, cela lui coûtait toujours énormément ».

Au premier aspect, le fait de se plier au régime de la vie monastique ne paraît pas excéder les proportions d'une vertu ordinaire. Mais, à y regarder de plus près, on se rend bien compte que cette voie très simple aboutit tout droit à la perfection : c'est la voie normale. Et il est évident qu'à y marcher généreusement, sans en jamais dévier, on doit parvenir à la sainteté. Car la discipline monastique a été adaptée tout spécialement, par l'Église, à ce but idéal que poursuit la vie religieuse. Elle n'a pas d'autre objectif ni d'autre raison d'être.

Voilà pourquoi le pape Clément VIII a pu dire : « Qu'on me donne un religieux qui ait toujours observé toutes ses règles : je le canoniserai. »

Jean Berckmans, pour n'en citer qu'un, n'a pas employé d'autre méthode. Il s'est sanctifié dans le rang, sans rien faire d'extraordinaire, mais il s'est appliqué, avec une rare fidélité, à vivre de sa règle : c'était sa vocation, son devoir d'état. Ce fut la note caractéristique de sa sainteté (1).

Quand elle se hausse à ce degré rare de délicatesse, la stricte observance de la règle révèle, en effet, autre chose que la vertu d'obéissance, mais la vertu dans le sens plein du mot, tout un état d'âme ; car on ne peut exceller sur un point sans que l'amour grandisse. Et l'on dirait qu'en l'encadrant ainsi entre ces deux faits, l'enquête du début et cette petite lettre inachevée, la der-

(1) *Deus qui mirabilem Beati Johannis sanctitatem, in perfecta regularis disciplinæ custodia constituisti.....* (Cf. Oraison du Bienheureux, 13 août.)

nière qu'ait tracée sa plume sur son cahier de noviciat, à la veille de sa mort, la Providence a voulu nous laisser des points de repère, pour mesurer, d'un coup d'œil, l'effort de Sœur Lucie en ces dix mois, tout le travail de sa vie religieuse, comme on relève sur le terrain, avec des jalons, la tâche d'un ouvrier.

Et puisque les résultats sont tels que ses supérieurs et ses compagnes, témoins de cette rapide ascension, s'accordaient, sans le savoir, dans le secret de leur pensée, à admirer en elle une incarnation vivante de la règle; puisqu'on avait vu transparaître dans sa personne, comme on ne l'avait point vu encore, au noviciat, avec un pareil relief, le type idéal de la Petite-Sœur, est-il besoin d'évoquer le bien que d'autres, plus tard, pourront faire à sa place et en son nom, pour conclure que cette vocation a donné tout le fruit que Dieu en attendait, que Sœur Lucie était marquée pour cette œuvre féconde d'édification, et qu'en allant jusque-là, sans même parvenir au terme de la première étape, elle a rempli si parfaitement sa tâche, dans cette petite communauté du noviciat, qu'il était sage, après qu'on avait écrit déjà la Vie du P. Pernet et celle de la Mère Marie de Jésus, d'écrire aussi celle-là, puisque l'occasion s'en présentait, pour mettre en lumière cette douce physionomie de Petite-Sœur, afin de montrer comment les novices peuvent et doivent, dès le début, faire fructifier la grâce de leur vocation, établir les bases de leur vie religieuse et s'imprégner de l'esprit propre de leur Congrégation, car l'avenir dépend du noviciat!

C'est toute la raison d'être de ce petit livre.

Il complète, en ce sens et discrètement, comme il convient, le tryptique: le fondateur, la fondatrice, la petite novice!

Sœur Lucie s'est sanctifiée sous les yeux et à l'école du P. Pernet, aux leçons de la Mère Marie de Jésus: c'est la même sève, c'est le même esprit! Elle est fille spirituelle de l'un et de l'autre.

Est-ce aller trop loin, est-ce aller trop vite que de voir, dans ce groupement, un choix de la Providence et d'associer désormais ces trois noms dans le souvenir, la vénération et la prière?

# TABLE DES MATIÈRES


CHAPITRE PREMIER

Les préparations..................................... 1

CHAPITRE II

L'éclosion......................................... 43

CHAPITRE III

Les épreuves....................................... 71

CHAPITRE IV

Au couvent. — Le postulat...................... 121

CHAPITRE V

Au couvent. — Le noviciat...................... 153

CHAPITRE VI

La profession au seuil du Paradis............... 213

CHAPITRE VII

La Petite-Sœur idéale.......................... 243



348-13. — Imp. P. Feron-Vrau, 3 et 5, rue Bayard, Paris-8e.

# La Mère Marie de Jésus

# Pour la bienheureuse JEANNE d'ARC

## LIBRAIRIE

FÊTE DE LA BIENHEUREUSE JEANNE D'ARC, *vierge : office, messe, martyrologe*. — Texte latin complet et traduction française. — Brochure de 40 pages, 0 fr. 10; port, 0 fr. 05.

LA BIENHEUREUSE JEANNE D'ARC, par M<sup>gr</sup> DEBOUT. 16 pages, 4 gravures en couleurs. Prix, 0 fr. 05; port, 0 fr. 05. Remises: 7/6, 15/12, 70/50, etc. Port en sus.

VIE DE JEANNE D'ARC RACONTÉE PAR ELLE-MÊME, par M. LÉON LE GRAND, 32 pages avec couverture illustrée en couleurs, contenant les principales paroles authentiques prononcées par la Bienheureuse et disposées dans l'ordre chronologique des faits. Prix, 0 fr. 10; port, 0 fr. 05. Remises par quantités.

JEANNE D'ARC ET LES ARCHIVES ANGLAISES, par M<sup>gr</sup> DEBOUT. Prix, 0 fr. 20; port, 0 fr. 05.

LES LETTRES DE JEHANNE D'ARC *et la prétendue abjuration de Saint-Ouen*, par le comte C. DE MALEISSYE : Histoire des sept derniers jours de la vie de la Bienheureuse. Préface de M. G. HANOTAUX. — *Ouvrage couronné par l'Académie française.* Illustrations et fac-similés de cinq lettres de la Bienheureuse. 2ᵉ édition augmentée. Prix, 2 francs; port, 0 fr. 15.

VIE ILLUSTRÉE DE LA BIENHEUREUSE JEANNE D'ARC, belle plaquette, 32 pages d'illustrations en couleurs avec texte explicatif, sur beau papier fort. Prix, 0 fr. 50; port, 0 fr. 10.

LA BIENHEUREUSE JEANNE D'ARC, *Vie populaire illustrée*, par M<sup>gr</sup> DEBOUT, 364 pages. Broché, 0 fr. 50; cartonné, 0 fr. 75; port, 0 fr. 15. Relié, 1 franc; tranches dorées, 1 fr. 25; port, 0 fr. 20.

JEANNE D'ARC DEVANT LA S. CONG. DES RITES, par M<sup>gr</sup> PIE DE LANGOGNE, 222 pages. Prix, 1 fr. 50; port, 0 fr. 30.

HISTOIRE ADMIRABLE DE LA BIENHEUREUSE JEANNE D'ARC, par M<sup>gr</sup> DEBOUT. In-8° de 560 pages, avec 32 gravures hors texte. Couverture en couleurs. Broché, 5 francs; relié, 8 francs; tranches dorées, 10 francs. Port en sus : un colis de 3 kilos.

### *En réimpression :*

LA BIENHEUREUSE JEANNE D'ARC : Grande histoire illustrée, par M<sup>gr</sup> DEBOUT. *Ouvrage couronné par l'Académie française.* 2 vol. grand in-8°, 600 et 700 pages, 1 000 illustrations.

## IMAGERIE

LA BIENHEUREUSE JEANNE D'ARC (tableau d'INGRES). — Reproduction artistique en couleurs formant un beau tableau de 0<sup>m</sup>, 60 sur 0<sup>m</sup>, 45. 1 franc; port, 0 fr. 25.

*Images en chromolithographie*, reproduction du même tableau, par paquets de 12 petites ou de 9 grandes. Prix de chaque paquet, 0 fr. 40; port, 0 fr. 05.

5, RUE BAYARD, PARIS, 8°